哲学・論理学研究（第一巻）

――学的論文確立の過程的構造――

悠季 真理 著

現代社白鳳選書 107

まえがき

本書は、学問としての哲学の構築を志して以来、二十余年に亘る日本弁証法論理学研究会での筆者の研鑽の歩みを振り返って総括し、学問構築のための基盤づくりとはどうあるべきかを説いた書である。端的には、学問を志す初学者用の、学問上達論〔基礎編〕とも言ってよいと思われるものに仕立ててある。

世上、哲学と名のつく書物は数多《アマタ》あるが、それらはおしなべて、過去の哲学者と称される人の説についての解説書の類であるか、もしくはある個別の領域(例えば心の哲学とか言語哲学等々)を恣意的レベルで取りあげたエッセイの類でしかないものである。しかしながら本来哲学とは、古代ギリシャのアリストテレス以来、学中の学、王者的な学とも言われてきたように、すべての学問分野を統括する学である。分かりやすく説けば、哲学というものは、自然科学から社会科学、そして精神科学に至るまでのすべての学問分野の頂点に立ち、いかなる個別分野の問題に対しても、一般科学レベルから筋道を通して解決への指針を示せなければならないものである。

したがって、およそ哲学書というからにはすべての学問領域を自らが実地に研鑽してそれらを総括し、さらにその総括したものを一般科学レベルから体系的に統括して説いたもの、あるいはその途上にあるもの、ないしは少なくともその方向性を目指しているものでなければならない、と言えよう。

だが、である。それは決して過去の哲学者の解説や解釈をすることでもなければ、自分の気の赴くままに、心の問題や言語分析等々の一部の領域に限って、抽象的な思索に耽ることでもない。本来の哲学研究とは、全学問領域を対象としつつ、それらを統括するべく、まさに自分自身の頭脳を哲学ができる頭脳として創出していけるような研鑽を積んでいくことである。当然ながら、これは単に各学問分野を寄せ集めてくることでは決してない。それら全分野を統括し得るためには、人類の歴史において哲学(なるもの)が生生・生成してきた学的(論理的・事実的)過程を自らの一身の上に繰り返していき、自らの頭脳が統括的に働けるように成長していくことで初めて可能となるのである。そのため過去の哲学書等の文化遺産の学びも、単なる知識的な学習に留まらず、あくまでも自らの頭脳づくりのための学修として捉えなければならないものである。

それゆえ本書は、従来の哲学研究・解説の類とは一線を画し、通常の大学哲学科では決して教わることのない、自らの頭脳を学問化可能なものとしていくための実践とはどういうものかを説いていくことになろう。ただ、このように説いてもなかなかピンとこない読者諸氏もいるであろう。大学哲学科の教育では何がまずいのかという疑問の声もあると思われる。ここで大学哲学科での学習だけでは、哲学の構築に向けて大いなる欠陥があるのだ、ということを一つだけでも指摘しておくべきであろう。

通常の哲学研究では、過去の哲学文献とされるものを、文言だけを読んで、今現在の自分なりの実力のままに(ほとんど現代国語の語彙のレベルで)解釈するに留まっている。しかしながら、それらの文献の文字をいくら仔細に読んでいったところで、その背後にある学問の実態というものは、まったくと言ってよいほど摑めることなどありはしないのである。これは私自身が、かつて学生時代に心底実感したことであり、また一流と言われている教師でさえも、アリストテレスやヘーゲルをはじめとした一連の哲学書の解読には相当苦心していたことである。挙句、定年間近となっても、(文献資料については膨大な知識を有するも)結局のところ歴史上の哲学者らの認識がいかなるもの(論理)かは分からずにおり、ましてや自分自身の学としての哲学の構築などとうてい覚束ない、という悲しく厳しい現実を数多く見てきたことである。

本来、諸学問を先導すべきはずの哲学界は、一体なぜこうした惨憺たる状況に陥ってしまっているのであろうか。端的には、学問的な頭脳を創出するための学習が、大学教育には完全に欠落しているからである。それは何かを説けば、アリストテレスなりヘーゲルなり歴史上の第一級の哲学者らが何十年もかけて培ってきた実力を、現今の我々は養成する場を有していないという一大事である。それは一言では弁証法・認識論に加えて論理学の実力養成ということなのである。

そしてその弁証法一つすらも弁証法的かつ認識論的に習得していく、つまりは弁証法なるものの原基形態的なもの(かすかな萌芽)が生生してくるところから、実地に地道に認識論を駆使しながら論理的に辿っていくことで、自らの頭脳の限界(つまり知識的習得以外、どうにもできがたいという頭脳の限界)を徐々に打ち破っていくことが可能となるのである。ここを端的な事実で見てみれば、現代の大学には道を学んだり、その道の流れを学んだり、という学習があるにはある。そしてこれは、ここまでである。

だが、である。学問本来の学習なるものは、まず道を学び、そこから道筋を学びとることによって、その道筋を筋道(論理大系として展開していくこと)となすことがまず基本となり、それを大基盤となすべきだと心得る。

筆者は大学入学後、まったく幸運なことに、そうした真の学問への道を説く書に巡り合うことができた。それが『武道講義入門 弁証法・認識論への道――一流の人生を志す人に』(南郷継正著、三一書房、一九九四年)であった。現在この書は、『南郷継正 武道哲学 著作・講義全集』第二巻(現代社)に増訂版が収録されており、さらには同『全集』シリーズにおける各「武道哲学講義」において、見事なる頭脳活動の育成について、そして「哲学とはいかなるものなのか」についても、さらなる詳細な論が展開されてきている。


本『哲学・論理学研究』は、この一連の「武道哲学講義」を基軸として研鑽してきた私自身の修学の内実を展開するものであり、大きくは二部構成となる。

第一編は「学的世界観から成る哲学の構築を目指して」として、ここでは学問を志す上での重要事に関する論考を収めてある。すなわち、学問構築の大前提となる「学的世界観」とは何なのか、そして学問体系を創っていくにあたっての、「体系」ということの意味について、体系化していくことに関わっての論考、そして学の体系化の出発点に立つために、人類史においてその出発点に立ったアリストテレスに関わっての論考である。これらはいずれも、アタマでは初学者にとって大事であると知りながらも、なかなか皆(かつての学生時代の私自身も含めて)、その大事性が理解できないで、ともすると看過してしまいがちなことである。ここに収録した一連の論考は、「哲学・論理学研究余滴(一)」(『学城』第十号所収)を基にしてあるが、読者諸氏に理解困難と思われるところは、適宜加筆して、詳しく説いておいた。

また第二編は、「古代ギリシャ哲学、その学び方への招待」として、第一編をよりよく理解するための学び編となっている。『学城』第一号(二〇〇四年)より掲載してきた一連の論文(「古代ギリシャの学問とは何か」及び「古代ギリシャ哲学、その学び方への招待」)のうち、特に重要と思われるところを取りあげ、かつ、『学城』発刊以降十年来の筆者の研鑽の深まりに応じて、大きく改訂したものである。本巻では、〔前編〕としてソクラテスまでを論じた。

本書が学問を志す読者諸氏の研鑽に資するものとなることを、切に願うものである。

最後に、本書の出版を快諾していただいた現代社小南吉彦社主に深くお礼申し上げます。また編集者柳沢節子様にも大変お世話になりました。心より感謝いたします。

二〇一五年三月

悠季 真理

凡　例

一　引用文献には以下の原典を用いた。また一部〔　〕内の略記を用いた。

Hegel, Georg Wilhelm Friedrich. *Phänomenologie des Geistes*, Suhrkamp Verlag, Frankfurt am Main, 1986

Idem. Vorlesungen über die Geschichte der Philosophie I-Ⅲ, Suhrkamp Verlag, Frankfurt am Main, 1986 [=*VGP*]

Idem. Enzyklopädie der philosophischen Wissenschaften im Grundrisse 1830 I-Ⅱ, Suhrkamp Verlag, Frankfurt am Main, 1986 [=*Enzyklopädie*]

Kant, Immanuel. *Kritik der reinen Vernunft*, Nach der ersten und zweiten Originalausgabe herausgegeben von Jens Timmermann, Felix Meiner Verlag, Hamburg, 1998

Long, H. S. *Diogenis Laertii vitae philosophorum*, 2 vols. Oxford: Clarendon Press, 1964 (repr. 1966) [=DL]

Diels, H. and Kranz, W. *Die Fragmente der Vorsokratiker*, 6th edn. Weidmann, Berlin, 1951-52 [=DK]

Jones, H. S. and Powell, J. E. *Thucydidis historiae*, vol 1. Oxford: Clarendon Press, 1942 (repr.

1970)
Marchant, E. C. *Memorabilia, Xenophontis opera omnia*, vol. 2, 2nd edn. Oxford: Clarendon Press, 1921 (repr. 1971)

二　プラトンの著作についてはすべて以下の版を用いた。
Burnet, J. *Platonis opera*, 5 vols. Oxford: Clarendon Press, 1900 (repr. 1967)

三　アリストテレスの著作については以下の版を用いた。
Jaeger, W. *Aristotelis Metaphysica*, Oxford: Clarendon Press, 1963
Louis, P. *Aristote. Les parties des animaux*, Paris: Les Belles Lettres, 1956
Ross, W. D. *Aristotelis Physica*, Oxford: Clarendon Press, 1950 (repr. 1966)
Mugler, C. *Aristote. De la génération et de la corruption*, Paris: Les Belles Lettres, 1966
Allan, D. J. *Aristotelis De Caelo*, Oxford: Clarendon Press, 1936
Bywater, L. *Aristotelis Ethica Nicomachea*, Oxford: Clarendon Press, 1894 (repr. 1962)

四　各著作の邦訳には相当の誤訳らしきものが見受けられるので、引用文はすべて筆者自身の訳とした。

五　プラトン、アリストテレスの翻訳に際しては、以下の現代ギリシャ語訳も参照した。
ΠΛΑΤΩΝ ΑΠΑΝΤΑ, εισαγωγή-μετάφραση-σχόλια Φιλολογική Ομάδα Κάκτου, ΚΑΚΤΟΣ, Αθήνα
ΑΡΙΣΤΟΤΕΛΗΣ ΑΠΑΝΤΑ, εισαγωγή-μετάφραση-σχόλια Φιλολογική Ομάδα Κάκτου, ΚΑΚΤΟΣ,

Αθήνα
Γεωργούλη, Κ. Δ. *Αριστοτέλους Πρώτη Φιλοσοφία*（*Τα μετά τα Φυσικά*）, Τρίτη έκδοση, Παπαδήμα, Αθήνα, 1985

六　引用文の〔　〕内の語句は、訳者による補足である。

七　引用文中の傍点部は訳者による。

目次

第一編　学的世界観から成る哲学の構築を目指して

第一章　学的世界観について

第一節　学的世界観としての「唯物論を自ら創り出せる」とはいかなることか

研究会において、私は、会員それぞれが将来的に自らの歴史性を意図していけるよう、しっかりと主体性を把持してもらうことを意識して指導していく必要性を感じ、ソクラテスレベルの討論から抜けだして大きくプラトンの弁証法的な論争を繰り返してきている。

ここで主体性を把持するとはいかなることかを説けば、自らの専門領域は自らの力でそこを体系性として切り拓かんとする大志を把持して、それを単に学ぶということ(学習レベル)に終始せずに、そこから自らの現在の頭脳の限界を少し上回る(限界+α)くらいに働かせるようになること、つまり指導者の示す方向性に即していって、いまだ自分には見えていないところを自力で筋を創ろうとしてみる(これは一ミリずつなりとも進めばよい)、そういう努力をなし続けるということである。この、自らが理論体系を打ち立てんとする強烈な目的意識が希薄であっては、いくら指導を受けても実力がついていくことはない。とりわけ若手に対しては、この主体性を学力と直接にしっかり育てていかなければならないと思っている。

最近のゼミでの指導を通して、例えば国家とは何か、社会とは何か、権力とは何か、政治とは何か、経済とは何か、生命とは何か、医学とは何か、病とは何か、法医学とは何か、などを考えるにしても、必ずそれらが生じてきた原点に遡って、そこから考えていくことが必須であると改めて思ったことである。例えば経済論についても、会員はどうしても近代以降の社会における経済から考えてしまいがちなのであるが、人間社会の中でいきなり資本へと育っていく剰余などが出てくるはずもなく、その剰余が出てくるに至るまでの、ほとんど剰余など生み出されなかった、原始以来の長い長い人間の認識的、社会的、国家的発展過程を考えなければ、本当の解答とはならないはずのものである。

私自身の課題としては、南郷継正のように数秒以内に解答をズバリと出して、かつ説くことはできなくても、少なくとも、そもそもの原点はどうだったのか、というところから相手に問いかける、そういう方向性での対話へと導いていけなければ、とうてい弁証法的とは言えないということである。なぜなら、いわゆる人間も社会も国家も、そして政治も経済も、医療も物理も生物も、いかなる対象もすべて生成発展してきて現在にまで至っているからであり、原点からの問い直しは基本中の基本だからである。

ここですべての会員に厳しく求められるのは、学的世界観としての唯物論を把持する、ということである。この世界観としての唯物論の把持ということについては、研究会創設以来、つとに教育してきていることなのだが、とりわけ初学者にはこの重要事がなかなかピンとこないようである。世界は物質的に統一されているということを知識的に覚えておしまい、となる者が少なくない。しかしながら、唯物論を把持し続けるということはそうそう生易しいものではないのである。自分の専門領域全体を徹頭徹尾、世界は物（一般）そのものから成立しているとして、物から物への生成発展を体系性として事実的のみならず、加えて論理性・構造性としても説ききることであり、敢えて説けば自分の独力で、自己の新頭脳を創り出していくにも等しいことなのであるから。

私としては、世界観としての唯物論を自分で自らの頭脳の内に創り出していくこと、それが学問的な頭脳の創り方の第一歩であると強く感じていることなのであるが、この点については会員から「唯物論を自分で創ってみるとはどういうことなのか？」との質問があった。これに対して私は、概ね次のように答えたことである。

〔物理というとどうしても、まず大学までに教わってきたいろいろな数式をアタマに思い浮かべてしまうということである。しかしそういったことなども一つ一つ具体的に挙げてみて、それは観念論なのか、唯物論なのか……と考えてみることである。単に数式一般を取りあげることがダメなのではない。数式をどういう状況の中で、どういう認識で用いていくのかによって、それは唯物論的にも観念論的にもなり得るものなのである、と。例えば一＋一＝二というのも、極めて特殊な条件下で、特殊な物質(ないし物事)の場合について、それらの共通性を取り出して、一般的な関係性として人間のアタマの中でそのように把握したものにすぎないのである。例えば、リンゴが一個あるところにリンゴをもう一個持ってくれば、それらは合計で二個となる。というように、足し合わせてもその実体が変化しない場合などがそうである。

しかしもし仮に、相互に浸透し合って溶けてしまうような物質の場合には、その関係性は成り立たない。また一人だけでがんばる場合と、二人で切磋琢磨してがんばる場合とでは、二人でやった方が成果が十倍にも二十倍にもなることもある。単純に二倍ということにはならないであろう。

よって一＋一＝二というのは、かくかくしかじかの条件下で、こういう限りの物体の場合にのみ共通して、(人間のアタマの中で)捉えられる量的関係性である、としっかり意識して用いるのであれば、それは物が観念に先行しているわけだから、唯物論的と言える。しかしながら、もしも一＋一＝二という関係性を、すべての物(ないし物事)の関係性において成り立つと思って、それが成り立つ条件を顧みずに世界全体に押しつけてしまうのであれば、これは観念を物よりも先行させてしまっているわけだから、観念論的な考え方となってしまうのである。

したがって、自分が普段の研究で使っている数式などを具体的に挙げていって、それをどういう対象にどのように用いているのか、それは観念論なのか、それとも唯物論と言ってよいのか、あれこれ考えてレポートに書いていき、そうやって自分の扱っている問題で一つ一つ思索を重ねていくことが、「唯物論を自分で創り出していく」ということに繋がっていくのである。この世界観の問題は極めて大きなテーマとなるはずである。まずはレポートにいろいろな事例で書いていき、将来的にはそういうことを論文化していけるようにするとよい。」

確かにこの説き方は幼いものであるが、淋しいことに、現代の大学生は当然ながら、院生にすらこれでも難解な説明なのである。端的には、道は視えても、その道筋は視えてこないのが、一流大学の院生レベルなのである。

第二節　物の実体と機能との区別をつけることの大事性

自然科学系の会員から、次のような質問を受けたことがある。「通常、物理学界では、自然界の物質の相互作用をすべて数式的に統一しようとして、『大統一理論』や『超弦理論』等が提唱されている。しかしそれに対して、私には本研究会で説かれる学問としての物理学とはどういうものなのかがよく分からない。」この質問に関しても、解答は、まずは道そのものを説くのみで終えている。道の筋など、とんでもないレベルとなるから、である。以下レクチャーである。

〔この点については、私はかねがね「大統一理論」なるものに疑問を抱いており、次のように考えている。この「大統一理論」においては「強い力、弱い力、重力、電磁気力……」と、いわゆる力のみを問題にしているようだが、力、つまりモノの機能の一種のみで宇宙全体の解明ということに、どうしてなるのであろうか？　実体を説かずして機能の一種のみを説いているだけではないか。これでは数式云々以前の問題であり、「大統一理論」なるものはどこも〝大統一〟などではなく、たちどころに一蹴されるではないか。本来ならば、物(一般)とは何かというところから、つまり物とは何かを本質レベルで説き、そこから実体とは何か、機能とは何かという物理学の二大柱となるであろう理論を説くべきである。そしてそこをふまえての機能論の一部としての力学へ下りる……との物理学体系を創っていくべきだと思うのだが……ということである。

会員の会話を聞いていると、そもそも物理学界では実体と機能との区別が定かではなく、例えばクォークやレプトン等、いわゆる「物質の粒子」などというおかしなものが考えられているということであった。そうすると、逆に〝物質ではない粒子〟というのも存在するのか？　ということになってしまう。研究者達は、この「粒子」という概念も非常にあやふやに捉えていると思う。他にも「質料を与える粒子(ヒッグス粒子)」「力を伝える粒子(ゲージ粒子)」……などといったものが考えられているとのことであった。

そしてその〝粒子〟なるものについては、ある時は〝粒子〟として扱うが、ある時は〝場〟として扱うのだと言う(ヒッグス場、ゲージ場など)。そこで「場とは何か？」と聞くと、場とはエネルギーなどの何らかの物理量が存在する空間であり、空間がその当該粒子のごとき性質を帯びていることであると言う。そして「場」というのは何らかの物質といわば相互に移行し合う(!?)ものだが、しかしそれ自体はどうやら物理量として捉えるのみで、物とはみなされていないとのことである。こうなると根本的に「物(一般)とは何か」の把握も、研究者にはまったくできていないと思ったことである。

物ではない、ある性質を帯びた〝場がある〟などといった考えは、観念論以外の何物でもない。要するにすべては物なのであるから、その「場」とやらは、人間にとって(周囲のモノと区別された体をなすところの〝粒子〟としては)測定できないモノで満ちているというだけにすぎないことであろう。また〝粒子〟というのも(生命の歴史で喩えるならば、いまだ生命現象であったものが、他と区別される己の体を持った生命体として実体化したのと同様に)、周囲のモノと相対的独立化していき己の体を持つようになったモノ、ということになろう。

しかしながら、この粒子にしても物理学界では質量を持たない何らかの実体(粒子)を考えているとのことであるから、現在の研究というのは、実体と機能とがごちゃ混ぜになっているという印象を受けた。もっと言えば、実体だけあって機能のないものの存在(物質粒子なるもの?)などが想定されているようで、実体の何たるかが分かっていないという現状であると思う。

例えば「光」と言った場合に、それは何らかのモノの機能であるはずだが、研究者は光を光子という、何か粒子のようなものと仮定していることから、機能そのもの(ここではモノの光るということ)をイコール実体であるかのようにみなしてしまっていると思う。

しかし学問構築を目指す我々としては、実体と機能とはしっかり区別して考えなければならない。例えば太陽の光について考えた場合に、実体は太陽で、その太陽は直接に回転しつつ燃えることで太陽として実存して（実存できて）いるわけだが、その強烈な燃えるということが、太陽の周囲の物をも熱を帯びさせて運動させていく、そうやって地球にまで伝わってくると思う。

原点は太陽という物であり、そこから周囲へと強烈な熱運動が連なっていくことのある一側面を、我々は光として捉えているのだと思う。そのため、ここでの実体は第一に太陽であり、そしてその周囲の物体（物質）も強烈に燃やされたり、熱風で吹き飛ばされたりといった、強烈な熱を帯びた運動をして実存している。もっとも以前のゼミをふまえると、おそらく太陽は宇宙のいわゆるプラズマなるものを取り込みながら回転運動していることで実存できているはずなので、太陽周辺部の物の運動というのは、前記のような単純なものではないはずであるが……。

ただいずれにしても、研究者の場合は、太陽の燃えるということの中にも、太陽とは別の〝光子〟なる実体のようなものを想定してしまっているようであり、実体とは切り離したある機能だけを見て、仮想的な実体（粒子）を次々と頭の中で創ってしまっているところに大きな問題があると思う。これでは実体抜きの機能のみで存在するモノがあるとしてしまうことになるのであり、唯物論が貫けないことになる。〕

第三節　学的世界観から説く世界歴史とは

同じく、歴史についてもまずは小学校の教科書『世界の歩み』レベルの学びから！　となるべきである……。会員から、「歴史を勉強していて中世とはいかなる時代なのか？　なかなか像が描けない」との質問を受けることがある。私としては、古代から中世に至る流れは大よそ以下のようだと答えている。

〔古代においては、圧倒的な絶対権力を持つ王による統治だったものが、次第に下の者、つまりこれまで王を支えていた貴族が権力を持つようになっていって、やがて王権は象徴的なものとなり、実権は貴族政治になっていく。そこから（西洋ではローマ帝国崩壊後）それぞれの地を治める権力者が、自らの領地をもっと拡大したい、もっと富を得たいとなっていき、そのために周辺部の地域と絶え間のない戦争をするようになっていく。

戦争のためにはもっと武器も必要で、そのための資金が必要になっていく。ということで、戦争のため（これは自分の城を守りつつ富を増すため）の資金の獲得が次第に必要になっていく。ただここではいわゆる貨幣というよりはまだ戦利品などが主であった。そしてそのような相次ぐ戦争の流れで、もっと富を得るためにやがてはヨーロッパ内だけでは収まらずに、さらに東方の地へ、つまり十字軍遠征が行われるようになっていく。

しかしながらそれぞれの地域の権力者は、相次ぐ戦争のために出費が膨大となり、次第に富の獲得以上にそれを上回る借金が重なっていった。十字軍も最終的には失敗に終わった。そういう中で領主の権力は弱まっていくことになる。臣下である騎士への恩賞も払うことができなくなっていけば、臣下は領主の元を去っていく、ないしは反旗を翻す、などの動きが起こってくる。つまり領主は彼らを従わせる権力（政治権力も経済権力も）を失っていくのである（このあたりは、日本の鎌倉末期も同様の流れがあった）。

それに対して、他方で戦争を支えていった商人が貨幣を蓄えるようになり、やがてはそれによって権力者を動かせるほどの力を持つようになっていく。その流れでやがて資本主義の時代へとなっていく。およそ以上のような流れである。中世というのは、一君万民的な在り方（富を一手に握る絶対者による統治の在り方）から、民が富を権力者以上に蓄えていくことによって、やがて権力者をも動かせるほどになっていく時代へと、大きく変わっていくその過渡期であると言えよう。

『武道哲学講義』第一巻、第二巻（南郷継正著、現代社）で説かれる世界歴史には、歴史を動かしていく主体がしっかりとあるように思われる。この主体というのは、見事なまでに権力を把持できる統治者であるように思う。ただ、このように言ってしまうと少し違うのかもしれない。私が言わんとするのは、単なる権力者ということではない。観念論者であるヘーゲルの場合で言えば、主体は「絶対精神」者たる権力者ということになるが、唯物論的に筋を通すとなると、世界歴史の主体は人間であり、人間の認識、それもその時代をリードしていく指導者の認識が、指導者の精神こそが歴史を動かしていくということになると思う。人間は国家という社会関係の中でしか生きられず、その国家という社会は必ず他の国家と対峙して国家という形態を取らずには存在していけないので、そのように存在し、かつ将来に亘って発展的に存続していくためにはどうしなければならないのか、そこを考えるのが統治者の認識であり、そこが歴史を動かしていく主体として大きな問題になってくるように思われる。」

このようなことを説いてはみたものの、会員から提出された歴史についてのレポートを改めて見てみると、このレポートにはそういう歴史の主体がない。それで一本の筋が通っていないと思った。例えば中世のあたりについても、諸侯だけでなく、農民や商人も十字軍遠征に行った云々などと記されている。いろいろな人達が並列に出てきて、それらが寄り集まって動いていくだけのような記述になっているのである。単なる人の集まりで国は成り立つ、歴史は動くかのような記述である。論文化していくためには、もっと一本の筋(論理)を通さなければならない、すなわち人間とは何か、社会的実在であるとはいかなることなのか、そして歴史とは何か、人類の社会的認識の発展史であるとはどういうことか、そういった本質レベルでの押さえをしっかりさせることであると思っている。弟子を育てるということは、自分がその弟子になり代わったつもりで、日々、弟子の専門分野のことを一心に考えて、各専門領域への確固たる指針を示しつつ、論文化できる頭脳を地道に育てていくことであると思える。

第四節　アリストテレスは学的世界観をふまえてどのように説くべきか

ヘーゲルは『哲学史』の中でアリストテレスのことを、形而上学レベルとまではいかないが少なくとも「思弁」という段階に足を踏み入れている、という主旨のことを述べている。

これは、事実から論理らしきものを導きだすことはそれなりにできているのであるが、しかしながらまだそれらはいわば平面的にそこはかとなく繋がっているだけであり、まだすべてが体系的に、全体が一つのものから筋(論理)を通しきれているわけではない、ということだと言える(ここでの一つのものとは、不動の動者、自らを思惟する思惟、などと言われる宇宙の根本原因で、ヘーゲルにとっての絶対精神に相当する)。

ヘーゲルは絶対精神の発展として、世界歴史の流れを説いていると思うので、アリストテレスを見る場合にも、アリストテレスの中に宿っているところの絶対精神を見てとろうとしているのであろう。そのためであろうか、ヘーゲルは『形而上学』Λ巻で説かれる「不動の動者」から説明を始めている。以前はこのヘーゲルの記述について、さほど疑問にも思っていなかったのであるが、なぜΛ巻のここからなのであろうか？　改めて考えてみると、ヘーゲルは観念論者であるがゆえに、こういう説き方になるのであろう。しかしながら唯物論の立場から説く私としては、ヘーゲルのようにアリストテレスのいきなり最高峰から説くというよりも、何故アリストテレスはそういう考えに至ったのか、若い頃からどんな研鑽をし苦労をしていって、どのような頭脳へとなっていったのかの過程を説きたいと考えている。

アリストテレスに関しては、いきなりアリストテレスそのものを詳細に見るのではなく、ヘーゲルが取りあげている箇所を押さえることがまずは肝要であろうと思える。なぜならヘーゲル以上にアリストテレスのことを理解している学者は、何とも恐いことに現代に至るも存在していないからである。このため、ヘーゲルが取りあげている『形而上学』の箇所を振り返ってみることにしたい。この『形而上学』Λ巻の少なくともアウトラインは、アリストテレスの若き日(三十代半ばまで)には既にできあがっていたと推定されている。日本人としては一流の哲学者である出　隆も「簡単にはこの一巻だけでアリストテレスの哲学体系ないしはその世界観の大要がうかがわれる」(『アリストテレス全集12　形而上学』「訳者解説」岩波書店)と述べている。

となるとここで思い浮かんだのが、南郷継正の「武道哲学講義〔Ⅶ〕第二部——学問とはいわば世界地図を描くことである」(『学城』第八号所収)で説かれていること、すなわち、学の出立時にはまず世界地図(学問の全体像)を把持して出立しなければならない！　ということである。

アリストテレスがそれなりに世界全体を説けたのも、当時なりの自らの創出になる世界地図を持っての出立であったがゆえ、ということだと思う。では彼にとっての世界地図とは何かを説けば、神なる存在が全宇宙を秩序正しく動かしている様《サマ》であろう。その神とは、秩序正しく筋を通して考えられる存在である。物事を秩序正しく動かせるようにするためには、それだけの能力がなければならない、至高の存在であると言える。後世の我々からすれば、それは論理能力、それも論理体系的に物事を把握できる能力とも言えるであろう。

　もっともアリストテレスにはまだそういう表現はできないのであるが……。『形而上学』Λ巻でアリストテレスは次のように説いている。

　だがさらに検討すべきは、善きものにして最高のものが自然の全体に対して次のいずれであるのか、すなわち何か〔自然からは〕離れてそれ自体としてあるのか、それとも〔自然の〕秩序としてあるのか。あるいは軍隊のようにそのいずれでもあるのか。つまりそこでは、秩序においても将軍においても善さが存するからである。もっともより立派なのは将軍の方であるが。なぜなら将軍は〔軍隊の〕秩序によって存するのではなく、将軍の立派さによってこそ〔軍隊の〕秩序が成り立つからである。

　そしてすべては、似たような在り方でなくとも、ともかくも秩序づけられている。魚でも鳥でも植物でも、である（πάντα δὲ συντέτακταί πως, ἀλλ᾽ οὐχ ὁμοίως, καὶ πλωτὰ καὶ πτηνὰ καὶ φυτά）。そしてこれらは互いが互いに対して無関係なのではなく、何らかの繋がりがあるのである。なぜなら**すべてが一なるものへと秩序づけられている**からである（πρὸς μὲν γὰρ ἓν ἅπαντα συντέτακται)。それは丁度、家の中と同様である。〔すなわちそこでは〕自由人達は勝手気ままなことをするのは滅多に許されず、大半のことが〔秩序に則って〕定められているが……。　(*Metaphysica*, 1075a11-a21)

ここでアリストテレスは、軍隊でも、飛ぶ鳥でも魚でも何でも、何らかの形で秩序づけられている、ある一つのものへとすべてが秩序づけられていると説いており、全体で一つとして秩序を保っているという像を描いているのではないかと思う。そういう像をしっかりと把持して、あらゆるものの究明へと向かったのであろう。そう思えば、それゆえ各著作を見ていてもとにかく最初に、自然とは何か、善とは何か、国とは何か……などの大まかな輪郭を掴むことが大事だ、というところから始まっているのであり、これが道筋というものであろう。

さらにアリストテレスは、それらが「何によって一つであるのか」を考えていくことになる。例えば以下のようである。

なお**もし、感覚される物以外に何らも存在しないのなら、始原も秩序も生成も天界のものもないことになり**(εἴ τε μὴ ἔσται παρὰ τὰ αἰσθητὰ ἄλλα, οὐκ ἔσται ἀρχὴ καὶ τάξις καὶ γένεσις καὶ τὰ οὐράνια)、ある始原にはさらにその始原があるというようなことになろう。……だが、エイドスや数が存在するとしても、それらはいかなるものの原因でもないであろう。あるいはそうではなくても、運動の原因とはならないであろう。……さらに何によって数あるものが一つとなるのか、魂と体にしても、一般にエイドスと事物にしても誰も何ら説いていない。我々の言うように、動かすものがそうする〔一つにする〕のだとしか言いようがないのである。……だが、生きとし生けるものは悪しき統治を願わない。多数者による統治は善からぬもの、統率者は一人であれかし。

(*Ibid.* 1075b24-1076a4)

こうした記述を読むと、アリストテレスは、すべてのものを一つとするものを求めていると思われる。ただアリストテレスは、それだけに最終的に全宇宙の統治者を持ち出してはくるが、どのようにして一つとしているのかについては、さほどはっきりとは分からないままで終わっているように思える。他にもまだ分からない説き方が諸々あるが、アタマの中に浮かぶあれこれの疑問は、おそらくまだへーゲルの「絶対精神」なるものが私にはしかと分かっていないがために出てくる疑問であると思う。だが、である。これが分からなければ、根本的にアリストテレスにしても何も分からないだろうと思われる。

第五節　金属とは何かを分かるためには、地球の歴史を知らなければならない

会員から「金属とは何か」との質問があった。通常は、金属については「金属光沢を持ち、電

気と熱をよく導き、固体状態では展性、延性に富む物質。水銀以外は室温ですべて固体である。……」（『岩波 理化学辞典』第五版、長倉三郎他編、岩波書店）などと説明される。

しかしながら、金属というのは展性や延性に富んでいるとか、電気や熱を伝えやすい、金属結合するなどといった、単に金属に共通する性質を述べただけでは、「金属とは何か」という金属の概念を述べたことにはまったくならない、と言うべきである。もし仮に二千五百年前に舞い戻って、アリストテレスにそんな教科書ないし辞典レベルでの金属の説明を聞かせたら、アリストテレスは「君、それは金属というものに付帯的にあるもの（κατὰ συμβεβηκός）を述べただけであり、まさに金属であるところのそれ、つまり金属というウーシア（οὐσία）を述べたことにはならないのだよ」と即、断言することであろう。

まずもって金属とは何かを分かるためには、金属とそれに対しての非金属との違いが分からなければならない。だがそれが分かるようになるためには、そもそも地球上で何故、物質がそのように分かれてきたのか、ということを問題とすべきである。あまり説かれてはいないようであるが、そもそもの地球では生命体の生成発展に伴って元素も生成発展してきたと言ってよい。それでは地球と他の惑星との違いは？　他の惑星は何でできているのか？　それに対して地球はどういう物質でできているのか？　という問いが出てくる。「生命の歴史」をふまえつつ、地球は他の惑星と同様の、物質の一般性は貫かれつつも、地球だけは生命現象を保つような特殊な質を持つ物体へと変化してきた、だから他の惑星とは質が異なってきているはずである。

会員は、他の惑星についてては様々なもの(隕石や、あるいは光など)を媒介として調べることで、他の惑星も鉄やニッケルなどからできていると推定されている、と話してきた。しかしながら「地球にある鉄と、隕石等の地球外からきた物質中に含まれるいわゆる鉄(とみなされているもの)とでは、同位体の割合が異なる」とも言う。

そこで「同位体とは何か?」と聞くと、「同じ元素であっても、原子核の中の中性子の数が違うものを、同位体という」と言う。「それではその中性子というのは一体何をしているのか?」と聞くと、「えっ? 中性子が何をしているのか?(考えたこともないという感じで)陽子と一緒に原子核を構成しているが、何をしているかと言われると……」などと返答に詰まっていた。

私は「地球上の物質と他の惑星の物質とでは、生命体がからんでいるか否かという大きな違いがあるのであり、そこから両者の間では物質の質が大きく異なっているはずだ。そういうことはおそらく双方の物質の歴史性の違いをふまえて、構造レベルの違いとして見てとれなければならないと思う。ただそこを現象レベルで捉えた場合は、(それもあくまでも一つの側面としてであろうが)中性子の数の違い云々として現れているということなのかもしれないが……」とも話しておいたが、会員はそこでも返答に窮していた。

いずれにしても、ここでは他の惑星も、地球と同様の鉄やニッケルなどでできているというが、なにぶん研究者は経験論的にしか物事を判断できないゆえに、この場合にも地球上の物質から推定することしかできないので、そのように考える以外にはないのであろう。現象レベルでは地球上の物質と大きな違いがないのだとすれば、おそらく他の水星や火星などの惑星も、太陽から飛び出して後、冷えていく過程で岩石化していく、それは(地球の人間から見ると)いわゆる地球上の鉄とかニッケルのようなものに近い重さを持った何らかの物体へと変化していくということではあると思う。

しかしながら、それは地球上の鉄やニッケルと同じような重さを持つ物体のようには見えても、その質としては大きく異なる物質であるはずである。仮に金星や火星の岩石を地球上に持ってきたとしても、そこに含まれている(いわゆる)鉄らしきものは、私達の体に含まれている鉄とは似ても似つかない物質であるはずである。読者諸氏には理解不能なことであろうが、その物質は、生命現象を保つような実力、生命体を生かすような実力などまったく持っていないと断定できるからである。

会員は、「生命体が発展するためには、体の構造が複雑化するにつれて、より多くの元素を生み出しながら、その元素を用いて新たな運動(代謝)が可能になるように発展してきたと思う」と話していたが、ここはそうではない。会員は生命体の発展という像しか描いておらず、そこには地球との繋がりの中での発展ということが抜けている。生命体だけで発展することなどあり得ず、地球も生命体を生かすような地球へと変化していくのであり、そういう地球を取り込んで生命体もさらに発展していくのだから、いわゆる金属元素なるものは、生命現象を保持するような地球上の物質ということであるはずである。

周期律表における第三周期、そして第四周期、第五周期……と、地球上での生命体の生成発展と共にさらなる金属元素が生み出されていくわけだが、そうしたものも何らかの形で、直接的にか、媒介的にか、あるいは媒介の媒介的にかの形でもって、すべての生命現象を保持し得るようなものとして、そしてそういう生命現象を支えつつ地球を地球として保つものとして、生成発展してきたものではないか、との考えを読者諸氏は持てるであろうか。

なおこの元素誕生の問題については、宇宙における星の誕生から太陽系生成に至る問題として、我が研究会では既に三十年ほど前から解明されてきている。当時のゼミ記録をふまえて、いずれは『学城』誌上に論文を掲載したいと考えている。

第六節　研究会で説かれる学的世界観とは

会員に『学城』第九号所収の「南郷継正 講義『マルキシズム認識論』（ヨゼフ・ディーツゲン著）とは何か(二)」及び浅野昌充論文「生命の歴史の歴史Ⅲ――「個体発生は系統発生を繰り返す」（ヘッケル）との学説が我々に問いかけたものとは」について話をしながら、以下のように説いたものである。

我が研究会で説かれているところの唯物論というものは、それ以前の唯物論とはまったく次元を異にしてその内実が発展してきている。これは既に『南郷継正 武道哲学 著作・講義全集』第八巻所収「武道哲学講義〔Ⅴ〕」の中の「学問体系→世界観としての観念論と唯物論」の箇所で詳しく説かれている。本来、弁証法的唯物論は、単なる古代の唯物論としての世界観ではなく、歴史性を把持しての唯物論であり、物の生成発展ということを内に含んでいるのであり、その、「生成発展」ということの中身の理解というか捉え方が弁証法的であるだけに、それまでの唯物論とはまったく次元が異なるものである。ここにおいて我々の学的世界観も大きく構造が深まることになったのである……。

それは、なぜどのようにしてその物が発展してきたのか、ということについての〝問答〟が学的レベルに深まってきたということによる。徹頭徹尾、物からの生成発展として貫こうとの（それまでの時代の人間に比べると格段に、我が研究会においては）目的意識も強くなり深まりしてきた。したがって、現在ある諸元素が宇宙全体に同じように存在する、などといった（生成発展性、歴史性のない）定説とはまったく次元を異にする「生命の歴史」を定立することになっていく。生命現象から生命体の誕生への過程のところなどもまさにそうであり、それ以前のところもそうなのだが、我が研究会において、「量質転化の構造」ということが人類史上初めて分かってきたのである。

つまり物のある存在の仕方での運動の繰り返し（積み重ねの積み重ね）をしていく流れにおいて、その物の質が変わってくるということ、その物の存在だけでなく、その物の構造そのものも変わっていくということ、そういう見方ができるようになってきたのは、我が日本弁証法論理学研究会が世界で初めてなのだ、ということである。

両論文に説かれてある唯物論は、後輩が質問してきた周期律表の問題とも重なると思った。物から物への変化・発展を、一般性レベルでしっかり押さえつつ、その上での特殊性レベルで見ていくこと、そうでなければ周期律表の元素の誕生の問題など解けようもない。すなわち、地球上の元素は他の惑星と同様の、一般性レベルでの変化は間違いなく辿っているのであり、その上での地球の特殊性レベル、つまり生命現象がからんでいる何らかの変化をなしてきているのであり、大きくその（一般性と特殊性との論理のレベルの違いをしっかりと把握しつつ）二重性として地球上の元素を見ていかなければならないということなのである。

ここでの「学的唯物論」というのは、一般性・特殊性・個別性という論理のレベルの違いを明確に押さえての物から物への生成発展として世界を観ていくという、まさに体系的な認識を把持しての「唯物論」なのであるということを理解しなければならない。

第二章　学問体系を創っていくとは

第一節　体系とは何か、ヘーゲルのSystemとの学的論理の違いについて考える

世界のすべての会社では、社長交代の折に常に組織の発展を図るために新体制づくりがなされているが、日本弁証法論理学研究会では中堅たる自分が、そこをふまえて組織をしっかりと支える実力をつけなければならない。何と言っても若手は指導者の背中を見て育つものであるから、指導者の〝精神〟如何で、今後若手がどのように育っていくのかが大きく規定されてくると言ってよいであろう。大事なことは、根本的に「学的な心の指導」ができるかどうかである。我が研究会においても、学問を通して人間を教えることが指導者としての役割であると思う。高い志を創り、かつそれを保たせることを、指導者自らが範を示すことで教えていかなければならない。

そこで学問体系という観点からヘーゲル哲学を少しずつでも理解できるようになるために、まず瀬江千史論文「南郷継正『武道哲学講義』のヘーゲル論は何を説くのか――主題は学問構築のための過程的構造論である」（『学城』第五号所収）を改めて読み始めた。ヘーゲルをおよそ押さえ

ておくことは、アリストテレスの理解にも大きく繋がってくることでもあるからである。本論文を読んでいると様々な思いが浮かんできた。まずは「武道哲学講義」から次の箇所が引用されている。

このように、学問レベルの研鑽で大事なことは、ヘーゲルの「絶対精神」を、学問的、理論的に検討することなく単純に駄目だとして葬り去ることではなく、それは、学問的論理としていったい「なにもの」なのかをわかることから(これは大秀才エンゲルスといえども)、始めるべきだったのである。

つまり、『全集 第一巻』に説いたように、「それはいかなる構造を内に含んでいるのかを論理的に把握し、唯物論の立場からの絶対精神を学問的に改変し、そして再措定すべきだったのである」。

そしてこの箇所について、瀬江千史も「これこそが、我々がヘーゲルを学ぶことによって、やらなければならないことである」と非常に強調している。

この点については、最近、後輩への指導でも丁度感じていたところであった。医学の歴史を説くにしても、技術の歴史を説くにしても、その他いかなる歴史を説くにしても、そこには(ヘーゲルが絶対精神の発展として一本の筋を通そうとしたように、我々の場合は唯物論の立場から)

人類の社会的認識の生成発展の流れを見てとれなければならない。ここの筋を大よそでも自らの中に創っていく必要があると思わされた。また瀬江論文をもう少し読んでいくと、ヘーゲルは『精神現象学 序論』で、「哲学とは何か」を概念レベルで説くことから逃げた、ということが書かれてあり、それに対して南郷継正は、「哲学とは、全学問の体系的な統括者だ」と信じきっての出立だった、とある。ここでヘーゲルと南郷継正とでは、明確な意識の差があることが示されている。私自身、哲学の専門家として、ここはしっかり受け止めねばならない。哲学は全学問を統括する学であるということをしっかり把持して論文も書いていかねばならないと思う。

こういう目的意識の差が、結局は自分の学問体系ができるかどうかをも大きく左右してしまう、実に恐ろしいことになると思ったことである。ヘーゲルは概念規定をすることから逃げてしまうことで、哲学を〝体系〟というレベルで創る段階には至らなかったのかとも思った。

それに対して南郷継正は、現実の生活でも、武道組織の統括者として絶対に逃げることなく、〝統括〟ということを全力でなし続けてきたからこそ、哲学というものも、System（有機的繋がり）ではなく〝体系〟として、当初から明確に意識して出立し、かつずっと続けてきているように思う。しかしヘーゲルはある意味、逃げることができてしまえる環境でもあったのではなかろうか。大学教授のポストに就いて、いわば安泰になってしまったということであろうか。

もっとも、出立時（三十代後半）にそれなりの体系性は持たなければダメであると南郷継正は説いているので、ヘーゲルも教授のポストに就く以前の問題として、既に若い時から南郷継正とヘーゲルとでは大きな目的意識の差があるということではないかと思う。それはどういう違いなのか。南郷継正は若くして自分で組織を創出しなければならない宿命で、そのトップに立ったが、ヘーゲルは組織のトップではなくて就職先探しであったので、つまりどこかに受け入れてもらえるような形で自分を出さなければならなかったので、そういうことに目的意識も大きく規定されたのであろうか。

いずれにしても、既成の大組織(大学や研究所など)に吸収され、埋もれてしまえば、学問体系構築など絶対に不可能な認識に創られてしまう。だからこそ日本弁証法論理学研究会という場なのであり、『学城』なのだと改めて思うのである。

先のヘーゲルの話に戻るが、ヘーゲルの説いている「体系」の原語はSystemであり、日本語で我々の用いる「体系」と全きのイコールではない。おそらくヘーゲルの言うSystemは、秩序ある有機的な繋がりといったレベルであると思う。すなわち道筋を立てて、そこから筋道としていく途上のレベルであると思う。

この両者の違いをしっかりと分かることが大事であると思う。すなわち我々が〝体系〟といった場合は、人間の体に喩えて、頭脳によって全身がしっかりと統括されているということから、その専門分野の本質によってすべてが貫かれていることだと思うのである。

しかしSystemといった場合は、ヘーゲルは、頭脳に相当するものは「絶対精神」として描いており、それによって全世界が総括されているといったことは、描けているかもしれないが、それが体系性を把持して統括されているとまでは描けてはいないということになるのではなかろうか。統括されているというのは見えずに、総括レベルで何かしら繋がり合っているというように見てとれる、ということなのであろうか。

例えば運動サークルの場合で考えれば、監督がトップにいるというのは知っているけれども、本当はその監督によってしっかりサークル全体が統括されているということはなかなか見えてこない。ただ監督が何かいろいろ指示を出したりして、皆がそれを聞いてそれに従って練習している総姿形という現象だけを見ていて、何となく繋がっているなあと捉えているのが、System レベルということであろうか。

しかし本当はそうした現象レベルの把握に留まっていてはならず、監督がどれほどにサークル全体のことを真剣に考えていて、末端に至るまで体系制で自分の意志を貫こうとして働きかけているのかが視えてこなければならない。すなわちサークル全体が監督の意志の支配の下に動いている、そこが現象面だけではなく、いわば身体内部の骨格系レベルの動きまで見てとれているのが、体系性が見えている、ということなのではないか、と思える。

他のいかなる組織でもそうだと思うが、その組織を〝体系〟として見てとれるかどうかというのは、その統括者の精神の在り方が分かって、その精神によって統率が取れているなあ、皆の心にまで行き届いているなあということ、いわば組織を成り立たせている内部構造まで見てとれるということだと思う。このように考えると、統括者の精神の在り方というのは、その運動サークルなら運動サークルという組織はいかなるものであるべきかという、運動サークルの理念がしっかりとあって、そこからサークル内のすべてに筋を通して指令していく、指導していくことになる。つまり、指導者の精神の内に、その運動サークルとは何かの概念がしっかりと規定されていなければならない。

それに対してSystemといった場合には、統括者の心の内まで、理念の内実まではよく分からず、外姿形だけを見て、頭部・胴体部・両手・両足がしっかり繋がっているなあと捉えているだけのようにも思う。そう考えると、ヘーゲルは概念化への労苦はしてはいても、なかなか概念化ができずにいる段階であるから、Systemレベルというのは、絶対精神の実態なるものが、ヘーゲルにはまだよく視えてきてはいないレベルだということなのであろうか……。

第二節　シェリング、ヘーゲルについて思うこと

シェリング『学問論』やヘーゲル『精神現象学』について思うことを記しておきたい。

シェリングは、いかなる学問分野であっても、それらはすべて一つのもの(das Absolute 絶対者)から説かなければならないということを説いており、それなりに組織的なものを目指していたようにも思える。ヘーゲルの一歩手前の段階には行っているということなのか？　まだ詳細は読めていないので、あくまでも現段階では推測の域を出ないが、シェリングは、絶対者から説か

なければならないという青写真を一応持ちはしても、実際にしっかり説けなかったということなのだろうか？　それに比して、ヘーゲルはそれなりに説いたということなのか？

シェリングは「自然哲学」について説き、絶対者から自然への流れを説こうとしたのかもしれないが、端緒についた程度で説ききれなかったのかもしれない。それでその後は、ヘーゲルに圧倒的な差をつけられたということなのかもしれない……などと思っている。

またヘーゲルの『精神現象学』については、読んでいて難しい部分もある。例えばSeinとDaseinといった語が出てきて、通常はそれぞれ「存在」、「定在」などと訳されている。ここは丁度『新・頭脳の科学』において、「ドイツ観念論による大脳局在論批判」の項でも取りあげている。これは当時、頭蓋骨の形によって脳の精神作用を知ることができるといった説が出たことに対して、それをヘーゲルが徹底的に批判している箇所である（『精神現象学』（C）理性の中の頭蓋論について）。

ここでヘーゲルは、脳髄については精神的――有機的な存在(Sein)としており、それに対して頭蓋骨については、単にそこにある物、骨でしかないと言っていて、ここでDaseinと言っている。ここでの意味合いは、単にそこに存在する物といったことであると思い、「定在」などと難しい訳語を当てるのはいかがなものかと思われた。そしてヘーゲルにとっては、Seinといった場合こそが、そこにこそ絶対精神が宿っているのであり、「実在」といった意味合いになるのであろうか……とも思う。しかし「実在」というと別のドイツ語Realitätがあるが……おそらくそうといった規定の訳語に囚われずに、ヘーゲルの文脈そのものからその意味するところを捉えていった方がよいのではないかとも思う。

ただそれ以前に、『精神現象学』のこの箇所だけを見て考えてもダメである。これらはヘーゲル哲学において、絶対精神の自己運動に関わる重要概念と思われるだけに、である。ヘーゲルが通常、どの言葉をどのような意味で用いているのかを、およそ把握した上での、この箇所の意味することを考えなければならないであろう。この頭蓋論の箇所以前に、「序論」においては次のように説かれている。

学問は、ただ概念そのものの生命によって組織化すればよいのである。シェーマ〔形式〕の上では外面的に定在に貼りつけられるだけの諸規定も、学問においては、充実した内容を持つ魂として自ら運動してゆくものとなるのである。存在するものの運動とは(die Bewegung des Seienden)、一方では、自らに対して他なるものとなり、他者に内在する内容となることである。他方では、この展開したもの、つまり自らの定在(Dasein)を、自己の内へと取り戻すこと、すなわち、自己自身を一つの契機となし、自分を単一化して規定してゆくことである。

一方の運動においては、否定性は、区別をなし、定在を定立することである。他方の、自己への還帰においては、〔否定性は〕規定された単一性を生じることである。

このようにして、その内容は、その規定が何か他のものから受けとられ、あてがわれたのではないことを示している。そうではなく、内容が自己自身に規定を与えるのである、〔つまり〕自ら自己を契機となし、全体の中に位置づけるのである。

（*Phänomenologie des Geistes*, Vorrede, 51-52）

また当然のことながら『エンチュクロペディー』にも「存在」や「定在」については説かれているのであり、そうした要所要所は押さえていかなければならない。こちらも少し引用してみよう。

存在(Sein)は即自的(an sich)にすぎない概念である。その諸規定は存在的(Seiende)ということであって、それらが区別されていれば互いに他のものであるが、さらなる規定は(つまり弁証法的な形式を取れば)他のものへの移行となる。このさらなる規定とは、即自的に存在する概念を開示し展開していくことで、同時に存在が自己の内へ入っていくこと、すなわち存在が自己の内へ深まっていくことである。存在の領域における概念の開示は、存在の全体を〔示すことになる〕と共に、これによって存在の直接性、つまりは存在そのものの形式が止揚されることとなるのである。

（*Enzyklopädie*, §84, 181）

生成のうちにある、無と同一のものとしての存在にしても、存在と同一のものとしての無も、消滅するものにすぎない。生成は自己内の矛盾によって崩れ、存在と無が止揚されて統一となる。かくしてその成果が定在（*Dasein*）である。……

定在とは、直接的な、あるいは存在的な規定性――すなわち質――としてあるような規定性を持つ存在である。このような自己の規定性のうちで自己へ反映〔反省〕したものとしての定在が、定在するもの（*Daseiendes*）、あるもの（*Etwas*）である。（*Ibid.* §89, 193）

このような箇所を見てみると、当初は Sein（存在）、Dasein（そこに存在すること）というように別々に感じていたのではあるが、単純にそう捉えてよいわけではないと思うようになったことである。ヘーゲルの説く Sein には歴史性がある、発展性がある。Sein は当初 an sich な状態であるが、そこからいわば他のものへ（自然へ、社会へ……）と転生していって人間の精神の内に Dasein へと成りゆく、そのような印象を持ったことである。

我々がヘーゲルを読む場合には、あくまでも「絶対精神の自己運動」ということで、ヘーゲルはすべて筋を通そうとしたということを念頭に置いて、まずはヘーゲルドイツ語文の世界そのものに浸り、馴染むことから始める必要がどうしてもあるであろう。

第三節　概論化への労苦ということの意味・意義を考える

『学城』第九号所収の小田康友論文「日本近代医学教育百五十年の歴史を問う(七)」で扱われているドイツの医学教育について、考えたことを記しておきたい。それは、中世的大学教育からの脱却過程におけるドイツの特殊性についてである。

私の疑問としては、中世までは他のヨーロッパ諸国と同様の過程を辿ったであろうドイツが、近代へ移行していく中で、なぜフランスやイギリスとは異なるような(諸学の王たる哲学、学問が花開くような)過程を辿ることになったのか？　ということである。

ドイツでは、中世までの内容を論理的に概括する、概論化するような形で教育したと説かれるが、これはどういうことを意味するのであろうか？　科学史研究者の大半は、学問の歴史、科学の歴史というものを、事実レベルでしか捉えられていない。しかしながら我々はこのドイツにおける学問の流れも、もっと構造に立ち入って説くべきであると思える。論理的に概括するとはどういうことか？　そのことを通してドイツの学者の頭脳活動は、イギリスやフランスの場合と異なってどうなっていったのか？　をきちんと(論理として)説くべきである。

ここは我々自身の人生、学問形成の歩みを投影させて、考える必要があると思う。自分自身の実践をふまえて、そのことによって自分自身の頭脳(アタマの働き)がどのように変わりつつあるのかもふまえて、〝概論化〟ということの意味を、我々は論理的に説けなければならない。

おそらくは、「個体発生は系統発生を繰り返す」と同様の論理で、何かの出来事がきっかけとなって、ドイツの学者も、古代から中世までの学問の流れを再措定していく必要性を感じとることになっていったのであろう。古代以来の知見を、その事実レベルに拘泥するのではなく、物事の全体を把握してそこから論理を導くような流れ、あるいはその導いた論理から事実を見ていこうとするような流れ、アタマの働かせ方を、〝概論化〟することを通して再措定していったのではないか。だから、事実は捨てても（つまり古代の知見のコレコレは誤りだ、など）、学問的方法（これがいわゆる弁証法である）はしっかりと継承できたということではないかと思う。

第四節　『新・頭脳の科学』について、現代の哲学の停滞について

ここで『新・頭脳の科学』（瀬江千史、菅野幸子著、現代社）について、少し記しておきたい。後輩にとって、通常大学では教わることのない、認識学や世界観といった話は難しく感じるようである。かつて『綜合看護』誌上で「脳の話」として連載されていた頃にも、ある後輩からは「世界観やヘーゲルの哲学について説かれており、こういうことが分からないと、人間の頭脳のことも本当には分からないとあって、とても難しい」という感想があった。

改めて読み返してみると、確かにこのあたりの流れは多くの読者にとっては難しいであろうと

思える。すなわち、古代からの脳の究明の流れが説かれていて、それは、精神の「在りか」を求めて非常に苦労していたこと、近代に至ってもなかなかよく分からなかったこと、古代から近代まで、精神(理性)なるものは至高のもので、世界のどこかに存在すると考える観念論的な考えでずっときていたこと、などが説かれている。

そうして、次第に時代は流れてヘーゲルに至り、精神を物質の在り方から究明できるという動き(ガルなど。局在論の元祖)も出てくる中で、「それはおかしい、精神というのはそんなものであるはずがない」という批判がヘーゲルによってなされていくことになる。ヘーゲルにとって、絶対精神という至高の精神の在り方が、そのような頭蓋の形などで規定されるわけもない、むしろ太古の昔から生成発展してきたところの絶対精神が、人間の脳髄に宿ったのだという考え方をしながら、ガルを批判することになる。

ヘーゲル以後は唯物論的な考えが出てはくるものの、人間の認識、つまりサルまでの動物とは格段に、飛躍的に発展してきているところの人間の認識について、なぜそのような高度な認識を持てるようになったのかを解明するのは、至難の業であったことが説かれている。つまりその成り立ちから解明できるほどの唯物論的な考え方、弁証法的な唯物論というのは、これまで誰にもなし得なかったのだ、ということが説かれている。ここで読者は、ヘーゲルが出てきたことで難しく感じるであろう。

何故かを説けば、大半の読者にはここでいう〝精神〟というのが、一体どれほどの高みのものなのかが分かっていないはずだからである。人間の精神（認識の最高形態）というものを、まったくイメージできないというか、うっかりすると、サルの像＋αのレベルで考えてしまいかねないのではないか、とも思う。

『新・頭脳の科学』では、第一章から「認識学」ということで、人間の人間たる所以《ユエン》である認識を、サルまでとは質的に大きく異なるものとして繰り返し説いてはいるのだが、読者はここのい、い、い、い、その質的に異なるということの意味をしっかり分かって読んでいかないと、この世界観（その中のヘーゲル）の話になってきた時に、なぜこういう話が出てくるのか、にどうしてもついていけずに難しくなってしまうことになるはず、だからである。

この難しいということについては、もう少し大きな観点から説けば、下巻で展開されている大脳局在論批判のなされ方そのもの、その説き方そのものにある。通常の研究レベルでは、もし局在論を批判するならば、それとは異なる何らかの事実を持ってきて批判する、というのがせいぜいのところである。現在行われているいかなる分野のいかなる研究であっても、何らかの説を批判するには、何らかの異なる事実を持ってくることで終始している。例えば、相対性理論なるものが提唱された後、それにはあてはまらない事実を持ってきて反論する、などである。しかしこれだけでは、なぜその理論がダメなのかの根本的な批判にはとうていなり得ないのである。

またこの書では、局在論そのものがどういうものなのかを、その成り立ちにまで遡って見ていき、その内容そのものを徹底的に知り尽くした上で、根本から解体していっている。

この局在論に限らず、一般的に言って、定説というものを根本的に批判していくというのはどういうことなのか、それにはどのような学問的な大前提となるものを学んで、どのような過程をふまえていかなければならないものなのか、ということを教える書が、この書である。そういう意味ではいかなる分野の問題を扱う上でも役に立つ書でもあると言ってよいであろう。

話は飛ぶが、局在論にしても何にしても、対象を細かく細かく分析していけば「何かが分かるのでは！」という発想で、現代は進んでいる。これはすべての個別科学に言えることである。

ここで思うのは、いかなる時代でも、その時代時代の諸学問は、その時代の哲学によって統括されるということで、現代は丁度英米系の分析哲学が主流の時代である。日本の哲学界でも、よく分析哲学の話題がなされている。端的には、人間の認識を理解するのに、言語を細かく分析していくといったような流れがある。しかし言語ばかり調べても、何ら認識には立ち入れない。

肝心の哲学がこういう体たらくなので、他の分野もそうなってしまうということなのであろうか。個別科学(というより個別技術)が、個別に大きく発展してしまったおかげで、統括者であるはずの哲学がそれをしっかりと統括しきれていないというか、哲学までもが分析、分析の方向で崩れてしまっているのであろうか……。

本来、哲学の歴史を遡れば、分析したら統合しなければならない、分析と統合は一対であり、その原型はプラトンにある(さらに遡ればパルメニデスとゼノンであるが)。しかし今の時代は、分析ばかりに突っ走っていて、統合はまったくなされていない、と言うよりなす実力がないようである。それも、一般論不在で、ただやみくもに事実を分析していくような感がある。しっかりと学問の歴史をふまえての、一般論から具体へ下りる、具体から一般論へ上がるという在り方での体系的な究明がなされるべきである。

第五節　学問化とは事実の像から論理の像への発展である——事実の像と論理の像の相違

アリストテレスの論文執筆がなかなか進まずにいた過程で考えていたことの一つを記しておきたい。それは、学問体系という観点から視てアリストテレスやヘーゲルはどのレベルと言ったらよいのであろうか？　ということ、そして何故そのレベルまでだったのか、ということを根本的なところから考えさせられたということである。

ここで根本的なところというのは、時代性、つまりその当時の社会に規定されて対象の究明のレベルも規定されるものだが、それに加えて、ヨーロッパにおいては彼らの認識の表現としての言語が、いわゆる表音文字であったことから、その言語にも規定されることで、論理というのがなかなかに分からなかった、そして論理のレベルの違いも分からなかった、ということであると思う。

この言語と論理の問題について少し考えてみると、漢字とローマ字とではいろいろな違いがある。例えば、物、物体、物質などがそうであるし、脳と頭脳、等々もそうである。仮に『新・頭脳の科学』で説かれている「頭脳」を英訳するとしたら、どうすればよいか？　英語では、脳も頭脳もbrainで区別できない。敢えて言えば、人間の脳はhuman brainと表現するしかない。これに対して漢語では、単なる「脳」に「頭」を重ねることで、意味に(構造的に)深まりが出てくる、まさに人間の人間たる所以《ユエン》の、認識を機能として有する脳(頭脳)という意味を帯びさせることができるのだと思う。

また物、物体、物質についても、英語であれば、thing, body, materialなどと別々の語となるのだが、日本語(漢語)の場合は、「物」に「体」を重ねたり、「物」に「質」を重ねて表現することによって、それは単に、二つの文字を組み合わせたということでは決してなく、そのものについての何を表したいのか、その中身をより深く表せる、つまりそのものの構造に立ち入り、かつ重層化して表現できるようになっていくのである。

それだけに、そういうふうにアタマの中の像を深めていけるのが漢語の特徴なのではないかとも思う。そして今度はそのようにして対象を表現したその文字に規定されながらその対象について考え、究明していく中で、やがては物事の「論理」を摑めるような段階にまでいくという特質を把持しているのではなかろうか。

また例えば「本質」という語も、ヨーロッパの言語と日本語とではずいぶん違うことである。英語のessenceの元のラテン語はessentiaで、〝ある〟(英語のbe動詞に相当)から由来している語、〝有るもの〟のことである。それはもっと遡ると、アリストテレスにおける古代ギリシャ語の τὸ τί ἦν εἶναι 直訳的には〝まさにそうあり続けてきているそのもの〟（そうあり続けてきているそのものの何たるか）である。まどろっこしい表現であるが、これは過去から現在に至るも変わることなくそうあり続けているもの、という意味である。

このアリストテレスの原語をどう訳すべきかについては、我が国でも欧米でも様々に議論されており、いまだに一致した見解が見られていない。だが当時の学者の認識の発展段階から考えれば、常に移ろいゆく物事を移ろいゆくままに（現象レベルで）捉えるのではなく、その中にも変わることのない何かがある、と考えるようになってきたのであり、その〝何か〟を何とか表現しようとしたのが、この τὸ τί ἦν εἶναι なのであると考える。本当はアリストテレスは何かもっと中身のことをしっかりと見たい、そして明確に言い表したいのかもしれないが……。

ともかく大事なことは、アリストテレスの言葉を訳す場合にはアリストテレスの認識、すなわち事実レベルの像から次第に論理性を帯びた像を形成しつつあるという過程性を内に含んだ認識をしっかり読みとれなければならないということであり、弁証法的かつ認識論的実力をつけなければ、とうていまともな翻訳はなし得ないものなのである。

しかし漢語では、そのものをそのものたらしめている中枢的な性質として「本質」という、ヨーロッパとはまったく違った言語、その対象の中身をよく表せる表現になっていると思う。もちろん、この「本質」という言語を創った人自身は、（南郷継正のように）物事の本質レベルの像などは頭脳活動としては描けているはずもないのだが、それでもこういう言語表現を創ることができたのは、漢字文化圏の民族ならでは！　であると言ってよい。

言語は認識（すなわち直接性・間接性・媒介性・論理性といった諸々の像）の具体的・表象的・抽象的な表現なので、ヨーロッパはヨーロッパでの社会生活で創られる認識に見合った表現としての文字が創られていき、中国では中国の認識に見合った表現としての文字が創られていったと思うが、一旦それが創られたとなると、今度はその文字に規定される形で認識も創られていくのであろう。

第三章　学の体系化への出発点に立つために――古代ギリシャ考

第一節　滅ぼし合う対立物の統一とは、「過程の体系性」の統一である

ある日、アリストテレスについて、ヘーゲルがどのように捉えていたのか、そして本当のアリストテレスの実像はいかなるものかということが論題となったことがある。

ヘーゲルはまずプラトンのことを「互いに滅ぼし合う対立物の統一」(die Vereinigung der Gegensätze auf, die sich vernichtet haben. VGP)と述べていたわけだが、この〝滅ぼし合う〟とはいかなる意味か。それは簡単には、単に二人の意見の対立物といった単純なものでは決してない。いうなればAの意見、Bの意見……といろいろな人の見解、例えば十人なら十人の見解を何時間も、何日も闘わせていって、それらのほとんどが間違いだとされて消える、つまり滅びていく。Aの意見もBの意見もCの意見も……ことごとくダメであるとなっていく中で、Aの発展的な意見、あるいはBの発展的な意見が出され、それらも滅び去って残るのはAB的ないしBA的となるようになっていく。そうしてこれらもまた闘わせていくうちに、その大半が滅ぼされて

いき、気がついたらABないしBAを昇華していったXあるいはYとなっていく。この流れである……。

これを延々と何ヵ月も積み重ねていくうちに、やがてはそれらの中からわずかに二つ、三つの昇華された意見が残っていく。多くのものが滅ぼし合いながらそこから統一的な意見あるいはまったく別の意見が出てきて、またそれらが滅ぼし合いながらそこから統一的な意見、または違った意見が出てきて……という中で最終的にわずかなものが残ることになる。これは空手で喩えれば、数多くの試合が行われていって、最終的にわずかな者が勝ち残るといったイメージである。

このことについては、以前のゼミで取りあげたプラトン『国家』での「どういうことが正しいことか」を巡る対話がヒントとなる。例えば「他人に借りたものを返すのが正しいことだ」という意見が出された時に、「でもその他人が気が狂ってしまったら、その人から預かっていた武器を返すのは正しいことなのか?」と反論されてやっつけられていく、という話である。

あの対話では、単に相手の意見をやっつける(滅ぼす)ということで終わるのではなく、最初に出た意見を踏み台にして、次の意見が出されていくという流れがあった。〝滅ぼし合っていく〟ということの過程をいかなることなのかとして、しっかりと視てとれなければならないと思ったことである。

そしてアリストテレスの段階に至ると、そうした諸々の意見を対立させて闘わせて滅ぼし合って、そこからさらに新たなる対立物を浮上させて、それらを闘わせて……ということを、集団力ではなくて一人で、自らの頭脳の中でできるようになっていく。ヘーゲルがアリストテレスを〝思弁的〟と言っていることの意味はそういうこと、つまり一人で諸々の対立物を闘わせていって滅ぼしていく中で、さらにそこをふまえての今まで考えたこともなかったような新たなる対立的な考えを浮上させていって、ここもまた闘論によって次第にそれらを統一させていって、一つの概念を生み出していくことであると考える。

アリストテレスの思弁の過程を大よそ追っていきつつ、論文化していく必要があるが、こうしたプラトンなりアリストテレスのことがしっかり説けるようになるためには、何より自分で同様の実践を積み上げていかなければならない。まずは後輩をしっかりした手強い対話相手にできるように指導していきたい。もっと私に疑問・反問をふっかけるような勢いを持たせることが、まず必要であると思っている。今までは、黙らせずに努めて相手の認識を出させる、つまり話しやすい雰囲気をつくることを主眼にしていたが、今後は徐々に、厳しく突っ込み、突っ込ませるような対話に持っていきたいものである。

第二節　学的レベルで思弁するとはどういうことか

これまでゼミで取りあげられたヘーゲルの言う「思弁」の意味や、プラトンの対話を評して「滅ぼし合う対立物の統一」の意味については、論文で説くべき核となるところであるため、簡単にでも説いておくことにしたい。

「思弁」とは、「思ったことを勝手気ままに弁ずる」ことだと悪く捉えられがちである(これは三浦つとむやエンゲルスの説くことなので)。だが、である。ヘーゲルの説く思弁(Spekulation)とは、決してそうではないと、断言しておくべきである。なぜならヘーゲルの説く思弁とは、簡単には、「思う」ことを重ねていって「思考」できるようになり、その思考を重ねていって「思索」となり、それを重ねて「思惟」となっていくこの一連の思惟への過程で、思うことがすなわち思惟、つまり考えたら解答が出せるような頭脳活動のことを称することになるのであるから。

もっと論理的に説くならば、「思弁」とは数多《アマタ》の事実を論理化すなわち一般化していく過程のことであり、もう少し過程的に言えば、当初は事実を見ていく時に、自分なりの思いに囚われてしまって、なかなかそこから先へ進めずにいるのだが、何とかそういった事実レベルに囚われている自分の思いを表象化・抽象化でき、(この過程においては、相手との闘論が必須。自分をまず否定して相手の意見を受け入れて、そこからまたさらに新たな問いが出てきて反論し……そうする中で)、やがてようやく一般的なレベルで物事を見てとれるようになる過程性の思考過程、それが思弁ということの実感なのである。

ここも「だが」である。ただしまだヘーゲルの場合は、事実から論理を導きだすということが重層性を持っているとは分かっていない。例えばヘーゲルは『エンチュクロペディー』の「予備

概念　五十節」において次のように説いている。

人間は思惟するものであるから、常識も哲学も、経験的な世界観から抜け出て神の元へと昇ってゆくことを決して断念することはあるまい。この上昇の土台となるのは、世界の思惟的な単に感性的、動物的な世界の考察ではなくして、世界の思惟的な考察に他ならない。思惟において、ただ思惟においてのみ、世界の本質、実体、普遍的な力、及び目的規定が存在するのである。……思惟が感性的なものを超えて高まるということ、有限なものを超えて無限なものへと進むこと、感性的なものの系列を断ちきって超感性的なものへと飛躍する（der *Sprung*）こと、これらはすべて思惟そのものであり、このような移行をなせるのはただ思惟のみなのである。

（*Enzyklopädie*, 131）

この箇所に見られるように、ヘーゲルは事実の世界から論理を導きだす過程がいかなるものなのかを説けずに、それを「飛躍」などとしか表現できていないのである。またヘーゲルの言う「滅ぼし合う対立物の統一」の〝滅ぼし合う〟ということの中身には、〝発展していく〟ということが含意されている。丁度正規分布図のように、発展していって発展しきったばかりに行き詰まってしまって、結果滅びていくという図式である。この「滅ぼし合う対立物の統一」の意味についてては、ゼミで取りあげられる度に徐々に理解が深まってきたように思える。

現象的には、プラトンの対話は相手をやっつけていくだけのような感じなのだが、それは全面的に相手を倒すといった実力は当然になく、相手のまだまだ足りないところを突いていくような感じで（当時の対話者はそういう意識はできていないのだが、客観的に見るとそういうことになる）、そして相手からも突かれて、そこを考え直して何とか補いつつ相手に答を返し、しかしさらに相手から問い返される中で、次第に求めるものの姿形がはっきりしていく方向に向かうということである。そしてこの求めるものの姿形が、プラトンにはまだはっきりと分かるだけの頭脳はなかったわけだが、それが一般的なレベルでよりはっきりしてくるのがアリストテレスであり、そういうところまで進んでいくことをヘーゲルは「思弁」と言っているのである。

この「思弁」（Spekulation）という語は、元々古代ギリシャのθεωρία「テオーリア」（英語のtheoryの語源）に遡る。高所に立って全体を見渡す、物事を（細かなことに囚われるのではなくて）およそ普遍性レベルで捉えられるということである。

そこから中世に至ると、この言葉は、神の能力に近づく、上昇するという意味合いが強まっていく。それは後世から見れば、三浦つとむやエンゲルスのように、思いつきレベルの感覚レベル、つまりアタマの中だけで編み出した言葉（高等駄弁）ということになるのである。そしてエンゲルスの言葉が残されていくだけに、ヘーゲルの説く意味、つまり論理的に捉えられるようになっていくという意味で「思弁」が理解されていくことは当然になかったということである。

そしてヘーゲルより前のカントは、「思弁」についてどのように説いているかと言えば、次の通りである。

> 理論的認識は思弁的(spekulativ)なものである。そこではいかなる経験によっても得られないような対象や、その対象についての概念が扱われる。これ〔思弁的認識〕は自然認識(Naturerkenntnis)に対置せられるのであり、自然認識の場合は、可能的経験において与えられ得るような対象やそうした対象の叙述にしか関係しないのである。
>
> (*Kritik der reinen Vernunft*, A634-635/B662-663)

この箇所にあるように、カントは経験によっては求められない対象や、その概念に関する理論的な認識のことを「思弁」と言った。カントの言わんとしていることは、対象の性質は認識のみが与えるということであり、このような考えが後に、三浦つとむやエンゲルスのいう思弁へとなっていくのである。カントは次のように続ける。

> 要するに人間の認識はすべて直観をもって始まり、そこから概念へと至り、理念をもって終わるのである。人間の認識はこれら三つのすべての要素〔直観、概念及び理念〕に関して、ア・プリオリな認識源泉を持つが、これは一見したところあらゆる経験の限界を無視して顧みないかの観がある。しかし批判を完成してみると、次のことが確信できる。すなわち、こ

れらの要素をもってしていかに思弁的に理性を働かせたとしても、可能的経験の領域の外へ出ることはまったく不可能だということである(alle Vernunft im spekulativen Gebrauche mit diesen Elementen niemals über das Feld möglicher Erfahrung hinaus kommen könne)。そしてまたこの最高の認識能力の本来の使命は、理性の一切の方法と原則とを用いて、あらゆる可能的な統一原理(そこでは目的の原理が最も重要である)に従い、自然をその最も深い内奥まで究明するところまでであって、その限界を超え出るものではまったくない、ということである。(*ibid.* A702/B730)

このようにカントは、理性をいかに思弁的に働かせても、可能的経験の領域の外へ出ることは不可能であるとして、ある限界を認めざるを得ないと説いているようである。カントの説く思弁について、そしてカントの考える学問については、後に論ずることとしたい。

第三節　究明の方法そのものを問うていくアリストテレス——問いかけ的認識の深まり

プラトンからアリストテレスへの過程で、当初はかなりの試行錯誤的な道のりを経つつ、次第に対立物の統一へ至る筋道が、アリストテレスの頭脳の中にできてくる。よって私の論文の構成としては、ヘーゲルによって「思弁」と称されるものの中身を、アリストテレスの原文を示しつつ説くことが必要である。おそらく原文で示すべき箇所は二段階になると思う。当初は試行錯誤的なレベルのところと、次にそれがしっかりとできあがっていくところである。

そしてその後、肝心なことは、ではプラトンからアリストテレスに至って、なぜそのような頭脳活動が可能となってきたのかを、構造に分け入って論じることである。ここは（生命の歴史と同様に）、アリストテレスの原文そのものをいくら仔細に調べても残っているはずもないので、これまでの哲学研究者（ヘーゲルも含めて）には誰も説けていないところである。

それだけに私としては、かつて誰もなし得なかった、まさに認識学の実力であり弁証法的認識学の独壇場であるこの点こそを論理的に説く、論じる！　ということになるべきである。

ここを初学者向けに説くとしよう。アリストテレスの記述を見ていて思うことは、プラトンからの認識の発展が確実になされているということである。どういう発展かというと、プラトンは「あの人はああいう意見だけれども、この人はこういう意見であって、どれが最も正しいのだろう？」といった、ある物事についての意見の正否を問うレベルであった。

しかしながら、それがやがてアリストテレスに至ると、「この人はこういうふうに考えて、こういう結論を出したのだけれども、あの人はああいうふうに考えて、別のこういう結論を出した。それぞれその人なりの筋があるのだが、どういう究明の仕方が良いのだろうか？」という問いかけが芽生えてくるようになると思うのである。

ソクラテス↓プラトン↓アリストテレスへと流れていく中で、次第に問いかけのレベルが深化していくような感じがある。これは非常に重要なことではないかと思う。アリストテレスでは、事あるごとに究明の仕方そのものについての問いが随所で出てくるようになる。

例えば『動物部分論』第一巻には次のようにある。

どのように考察すべきかをゆるがせにしてはならない。つまり、まず類において共通のものを述べ、その後で特殊なものについて考察すべきか、それともいきなり個々のものについて〔考察するべきか〕、ということである。実際、そういう叙述の仕方についてはまだ何も定まっておらず、……自然学者もまず動物に関する現象や各動物の部分を観察し、その次に、なぜそうなのかとか原因を論ずるべきか、それとも何か違ったふうにするべきか、ということも定まっていないのである。

(*De partibus animalium*, 639b2-b10)

この箇所では、研究方法そのものをどうするべきなのか、まず類全体を一般的に把握することから始めて、その後で特殊なことについて考察すべきなのか、それとも最初から一つ一つの種について論じるべきか、そうしたことはまだアリストテレス以前には何も定まってはいなかったのだが、しかし何事も究明していく上での大前提として、そういう方法そのものをしっかりと定めていかなければならないとアリストテレスは説くのである。

あるいはまた、『自然学』第一巻には次のような記述もある。

まず何よりも、次のことから始めるのが最も適切であろう。すなわち、「ある」というのは、いろいろな意味で言われるがゆえに、すべてが一つであると主張する人は、どういう意味でそう言っているのか、である。すなわち、すべてのものを、物として何であるという意味なのか、あるいはどれだけあるという意味か、あるいはどのようにあるという意味なのか、さらにまた……これらが問題である。（*Physica*, 185a20-26）

ここでは、「ある」というのにもいろいろな意味があるとし、「ある」ものを一つと言った場合に、その人がどのような意味でそう主張しているのかを明確にすべきであるとアリストテレスは主張する。例えば、そのものの何であるのか、について言っているのか、それともどのくらいという量に関して言っているのか、それとも性質の意味でそれを「ある」と言っているのか、などである。ここを曖昧なままにして議論を進めていこうとすると、議論がうまく進まず、求めるべき解答になかなか達することができずに終わってしまうからである。

つまりアリストテレスに至ると、目的意識的に、究明の仕方そのものの是非をしっかりと問う頭脳の働きになってきていると思われる。こういう頭脳になぜなれたのかの理由は、いわゆる〝本読み奴隷〟としての長きに亘る研鑽であろう。すべての先人の説を頭脳の中に入れるという以上に、すべての説を学んでいく中で、この人はこういうふうに考えてこういう結論を出していったのだなという、彼らの頭脳の中身、それも過程的にその中身を見てとれるように、次第になっていったのではなかろうか。

ようやくプラトンからアリストテレスへの認識の発展過程の中身が視えてきた思いである。

第四節　「形而上学」のそもそもの語源について

アリストテレスの主著は『形而上学』とされるが、この書名の意味について改めて考えてみたい。そもそもアリストテレス自身は、「形而上学」という言葉はまったく使っていないことを読者諸氏は知っているであろうか。端的には、当時はまだそのような言葉はなかったのである。

原語の τα μετά τα φυσικά は、後のローマ時代になって、『アリストテレス全集』の編者アンドロニコスがつけた題名である。直訳的には、フュシカ（自然物）、つまり実体あるものを扱うもの（自然学）より上にくる何か、というほどの意味であろう。

アリストテレス自身は、この学については「第一のフィロソフィア」（ἡ πρώτη φιλοσοφία）と称している。これは建築の世界で喩えれば、職人全体を統括する棟梁（ἀρχιτέκτων）に相当するとし、諸々の隷属する諸学を統括するものと考え、それは「より一層王者的な知」（ἀρχικώτερα ἐπιστήμη）であり、「存在を存在として考察する学」（ἐπιστήμη τις ἣ θεωρεῖ τὸ ὂν ᾗ ὄν）と述べたりしている。アリストテレスには、フュシカと区別される何らかのものという意識はあったと思うし、棟梁、つまり統括するものという認識もあるようだが、ただそれが何か確固とした学として完成したと言えるのかはまた別問題である。そのような学を目指していたことは確かではあり、そしてその端緒についたことも、また確かなのであるが……。

むしろ古代から中世へと時代が流れていく中で、いわゆるmetaphysicaと一語で称して、思弁によって見出していく観念の世界として、しっかりと意識されるようになっていったのではないか……とも思う。このmetaphysicaが日本語に訳出された経緯を少し調べた。端的に結論から言えば、明治期の日本で西洋哲学を導入した際に、井上哲次郎(東京帝大で、日本人初の哲学教授。ドイツ哲学を日本に普及させることに尽力すると共に、東洋思想と西洋哲学とを統一して考えようとした)が、中国の古典にある言葉「形而上」を借用して、metaphysicalの訳語に当てたということである(元々中国では、metaphysicsの訳語としては、老荘思想でも使われる「玄学」という語を使っていたらしいが、井上哲次郎の訳語を日本から逆輸入して、今では「形而上学」と呼んでいるそうである)。

明治期の学者は、漢文の素養があり、東洋思想にも通じていたので、だからこそ西洋哲学を漢語に訳すこともできたのだ。それも、中国人も逆輸入して使っているというくらいなので、おそらく元の中国人以上に漢語の意味を深めて捉えており、また西洋の概念もそれなりに理解しながら、訳しているのであろう。ではその中国の古典にある「形而上」とはいかなる意味か？　ある辞典には以下のようにある。

【形而上】①Metaphysical の訳語。時間・空間の感性形式をとる経験的現象として存在することなく、それ自身超自然的であって、理性的思考によって、あるいは独特の直観によってのみとらえられる究極的なもの。

②漢語本来の意味。易の『繋辞伝』のなかで、「一陰一陽之謂道」（一陰一陽これを道という）を解釈して、道は形而上（形より上、形を超えた）であって、「一陰一陽」は形而下（形より下、形ある）の器（個別で有限の物）であると述べている。この場合の形而上は現象を超えたもの、いまここにこのようにある現象を、いまここにこのようにあるようにさせているものを指す。本書ではこの意で使用している。ひらたく言えば、形などないものをいう。

（原　富男著『簡易　東西哲学思想辞典』三信図書）

【形而上学】①Metaphysics の訳語。Meta（後という意味）に physics がくっつけられた語で、アリストテレスの死後、その著書を編修する際に自然学の書の後に存在の根本原理を論じた書を配列したことによる。現象を超越し、またはその背後に在（あ）るものの真の本質、存在の根本原理、絶対存在といったもの、たとえば神・世界・霊魂などを、理性あるいは直観によって探求しようとする学問。

②易の『繋辞伝』の「形而上者謂之道（形而上はこれを道といい）、形而下者謂之器（形而下はこれを器という）」の形而上（形より上、形を超えた）を対象とする学問。

器は個別に有限の物である。なんらかの形がある形而下である。その個別に有限な形ある物をそういう物とするものが形を超えた無限の全体ないし一般者である。いまここにこのようにあるようにさせているものは形を超えたものである。

『荘子』に「物を物とするものは物ではない。物であるとすれば、また物とするものがなくてはならないから」という意味のことが記してある。形を超える無限の全体・一般者には、個別の物を弁別するための名のつけようがない。無名である。「無名」といっても、なおまた一種の名である。強いて名づければ「道」ということになる。それ自身そのままの姿では人の感覚思議を超越しているが、自ら発展してこのような現象となって人の感覚思議の前に現われる。そういった現象を成り立たせる本体を考察する学問のこと。本書ではこの意味で用いている。（同書）

このように見ていくと、西洋（古代ギリシャ）でも東洋（古代中国）でも、姿形ある物を物として究明するということ以外に、そうではない〝何か〟を求めるようになっていったという点では共通しているように思える。ただそれが古代ギリシャの場合は、イデアとかロゴス、ウーシアなどとなっていくのに対して、古代中国の場合は「道」などと言われた。「道」というのは、高校の漢文の授業でもよく出てきたことを思い出す。

ただ古代中国においては、「道」とは人としてあるべき在り方、君子の道、指導者としてあるべき在り方という意味合いが強いように思われる。このことはいわゆるアジア的国家として完成していく方向性を持つことと大きく関係してくるように思われる。

他方で、古代ギリシャのパルメニデス断片でも「道」は出てくる。変転するこの世のものを扱うのとはまったく別の道へと昇っていく（確固として〝有る〟ものへ、〝一つ〟のものへと昇っていく）という内容の詩である。これは万人が歩ける道ではない。まさに国を支える者、賢人の歩むべき道である。今思い返すと、同じように指導者として歩むべき道という意味では、古代中国とどことなく似ているところもある。

ただ西洋と東洋とでは、両者は似ているようでもありつつ、似ていないようにも思われる。古代ギリシャからゲルマンへと発展していく過程で、論理、さらには体系というものを求めていく過程がはっきりしていくのが西洋であるのに対して、中国はそうはなっていかなかったのではないかと思う。そしてこれら両者の違いは、国家形成の在り方から大きく規定されてくるように思われる。西洋においては一君万民的な在り方が崩れて貴族制へと変化していく。その中で、国政を巡って何が正しいことなのかを闘論する流れが出てくる。ヘーゲル言うところの滅ぼし合う対立物である。

それに対して中国はアジア的国家として完成していく方向性を持つがゆえに、王と臣下との問答はあるにはあるが、それは絶対者たる王の認識を崩すような闘論にはなり得ない（それは許されない）ように思える。王を絶対者として完成させるような、補完的な助言レベルの問答でしかないのではないか。

第五節　『形而上学』Α巻を読み直しての気づき

哲学の歴史の中でアリストテレスを論じるに当たって、明確にすべき点はただ一点である。すなわち、アリストテレスの学問力(論理能力、思弁能力)はどのレベルであり、それはどのようにしてついていったのか？　という問題である。ヘーゲルの場合は、観念論者であるがゆえなのか、そういうアリストテレスへの認識の発展については説いてはいても、なぜどうしてそのように発展できたのか？　については説こうとはしていない。〝概念の労苦〟(die Anstrengung des Begriffs)ということは述べても、概念とはそも「何」なのか、またその概念なるものを創っていく過程の構造は当然のこと、概念の必要性ないし必然性については説いていないだけに、意義をあまり分かっていなかったのだと思われる。

しかしながら唯物論の立場を堅持したい私としては、アリストテレスがどういう研鑽をしていくことで、どういう頭脳活動の発展がもたらされたのかを何としてでも説きたい。いわば〝学問上達論〟を説いていくことが私の大志である。そういう点から『形而上学』の中での重要箇所はと考えてみると、Α巻及びΛ巻の二つであると思われたことである。

まずΑ巻であるが、ここでは「人間は生まれつき知ることを欲する」という一文で始まり、人間が他の動物とは異なり、感覚することから経験を重ねて、やがて技を持つに至り、さらには知恵へと発展する状態が述べられている。そして物事を〝知る〟というのにもいろいろレベルがあり、何故そうあるのかの原因を含めて知る、それも物事全体としての原因を知っている人こそが最も優れた知者であり、何故そうであるのかを知るということ、これが我々の求めていること（ἐπιστήμη 学）であると言う。

それだけに、アリストテレスは物事の原因を求めていった先人の見解を挙げていきながら、それらを批判、検討していくことになる。

私はかつて学生の頃にA巻を読んだ時には、アリストテレスは自分の説をしっかり持っている人であって、その論でもってブレることなく先人の欠陥を突いていく、自分の論理でガッチリ全体を統括できる人、という印象を持っていた。これは丁度南郷継正が、「武道とは何か」の本質を説いて、そこから他の武道家の見解を次々に一刀両断にしていき、南郷継正の武道論でもって、相手の足らざる点を指摘していくように、である。それでアリストテレスはいわば古代の南郷継正のようである、という印象を持ったのであった。

しかしながら今回改めてA巻を見てみると、これはもっとアリストテレスのいわば上達論なるものを視てとるべきである、すなわち彼の説いてはいない過程性を内に含んでいるものとして、彼が説いてはいないことを論理として視てとらなければ嘘になる、と思うようになった。それはどういうことかと言えば、アリストテレスはいきなり四原因（いわゆる質料因、形相因、始動因、目的因）なるものを考えて、そこから先人の説を批判できたわけではなく、むしろ先人の見解を学んでいく中で、それらを見渡していく実力がついていき、やがてそれら見渡したものをまとめていける実力がついていったものと思われる。この、まとめていくという過程において、論理能力が徐々についていったはず、だからである。

例えばアリストテレスは、イオニアの賢人達の見解については、彼らは物事の原因を質料としての原因であると捉えたのだ、と一つの特徴として括れるようになっていく。つまりタレスは「水」と言った、ヘラクレイトスは「火」と言った……といった事実レベルではなしに、それらを括っていって、彼らはなべて質料としての原因を見ていたのだと論理的に捉えられるようになっていっているからである。質料因とか形相因なるものを現代の研究者はあまりにもあっさりと（勝手気ままに）解説してしまっているようであるが、アリストテレスがこのように把握できるようになるまでには、長い研鑽の過程が実際にあったのであり、その頭脳づくりの過程をこそ、本来の哲学史としては論じる必要があると思うのである。

第六節　時代性をふまえてアリストテレスを位置づける

アリストテレスについては当然ながら、ヘーゲルについても〝時代性〟をしっかりふまえなければ、本物の姿は出てきようもないと思える。この点に関しては、「学問としての哲学の真の完成に向けての端緒をつけたのがプラトン＋アリストテレスであり、時を経ての時代的完成者がカントの学問体系を自分の実力として修めたヘーゲルだった」（『南郷継正　武道哲学　著作・講義全集』第二巻、現代社）とある。

アリストテレスはあくまでも、学問への端緒をつけた人、出発点をなした人であって、決して体系的な、何か凄い学問を創った人ではないということ、そこを肝に銘じなければならないと思わされたことである。またヘーゲルについても、あくまでもその時代としては凄いレベルにまでは到達しているとしても、学問というレベルから見れば、学問体系として完成したものを創ったわけではないこと、〝時代性〟ということを常に念頭に置いて、〝その時代の学問〟という意味で読まなければならないと思うのである。

このように思弁してみるならば、私が展開すべきことが大きくはっきりした姿形になってきたように思う。それは端的には、アリストテレスが人類の学問の発展史から見て、現象論のレベルであったということがどういうことなのかを、原文を示しながら実証することである。

例えば現代において〝本質〟などと訳される原語にしても、それは当時どういうことを扱っている論の中で、本当はどういう意味でアリストテレスは使っているのかを示すことであると考える。だが、それらはすべて、目に見えるもののありようについて、それがなぜそうあるのかを考えていく中でそう捉えたものであって、構造に分け入ることのできたものとは言えない、というのが現在の思いである。また例えば「質料」にしても「形相」にしても、青銅とか木材など、すべて〝姿形あるモノ〟について述べたものであるし、「可能態」や「現実態」なども、泳ぐ可能性のある人が現実に泳げるようになったなど、現実に目に見えるものを対象にして、その変化のありようを述べたものでしかないからである。すなわちアリストテレスの諸著作の中に、構造に分け入って論じたものは一つもなく、すべて見たまま(現象)を、なぜそうあるのかを求めていきつつ、それが「何物」であるか、ということを、その対象全体をそれなりに一つに括っていって、そこまで至ったということ、すべて現象の論理を苦心しながらようやく導きだせたという段階であるだけに、それが上限であるということだと思える。

しかしアリストテレス自身には、それが事実とは異なる「何か」であるとの意識はあっても、それが「論理」であるということは明確に自覚できるレベルには至ってはいない。当然ながら、ましてやそれがどういうふうにして導きだせるものなのかは分かりようもない。だが、である。それでも当時のあらゆる事実に関わってその現象を見ていきながら、それらをまとめて括っていったという意味では、事実から論理への志向が目的意識的になされているので、まずは学問への端緒にはつき始めていたのだ、とは言えるのだと思う。

このように考えると、現代において〝万学の祖〟と言われるのはそれなりに、の評価であると言えよう。ここでそれなりに、というのは〝万学の祖〟と現代において言えるためには、自然科学、社会科学、精神科学すべてに亘って、それなりに学問の原基形態ができていなければならないからである。しかしながら当時にあっては、自然の究明が大半であってみれば、自然研究の礎としては当時は〝万学の祖〟と言えなくはない、と思う。人類が、自然・社会・精神を究明していくその端緒たる自然を大きく捉えるだけに、この称号も、結構なのではないか……と思えたことである。

第七節　古代ギリシャでは自然の究明が主であったということの意義を説く

古代ギリシャにおいては自然の究明が主たるものであり、社会の究明やましてや精神の究明などはほとんど不可能な時代性であったということに関して、先日、会員からある質問があった。彼は「古代にはプラトン『国家』やアリストテレス『政治学』、『ニコマコス倫理学』などがあるように、自然の究明だけではなく、社会も究明していたのではないか、しかし社会の究明は中世以降になってからとはどういうことなのかがよく分からない」と言う。これに対しては次のように説いておいた。

〈古代に関しては、大抵の人が誤解していることがある。これは三浦つとむ、エンゲルスをも含めて！　である。それは当時の社会に関して、である。古代ギリシャという社会は貴族社会であって、その生活は無数と言えるほどの奴隷によって支えられていたのである。現代の羊飼いが多くの羊を持っているように、貴族は無数の奴隷を使役させることで生きていた。羊が反乱しないのと同様に、奴隷の反乱などはあり得なかった、そういう時代である。かの寓話作家として名高いアイソポス（イソップ、前六〇〇年頃）という大学者もその奴隷の一人でしかなかったのである（なおこのアイソポスについては、決して現代の物語レベルの作家と捉えてはならず、アリストテレス『弁論術』の中でもその名が記されているほどの代表的な賢人なのである。アリストテレスによれば、当時「寓話」（λόγος）とは政治弁論の中で用いられたものであり、アイソポスは民衆指導者の演説のために数々の寓話を作ったという。奴隷の身でありながら高い知力を有していたために、後に解放され、王侯貴族の助言者として活躍したと伝えられる）。

それだけに、『国家』や『政治学』なるものは、ごく少数の貴族の政治であり、現代で喩えれば、自民党内の議員政治であると思えばよい。大多数の国民は彼らの政治には存在していない。奴隷は近代以降のようないわゆる人権を持った人間とはみなされていないのであって、貴族はいわゆる奴隷社会の究明はしないし、する必要性も当然にない。貴族は自分達貴族だけの社会を考えている。例えば王制や貴族制（民主制）云々などの国政の在り方を議論するにしても、結局自分達支配者がいかに国家統治すべきかという問題のみであり、奴隷社会全体をどうするかという究明ではない。

例えば『ニコマコス倫理学』に出てくる「幸福とは何か」という問題にしても、アリストテレスは、幸福とは、「アレテー（卓越性）に即しての魂の何らかの活動である」（ψυχῆς ἐνέργεια κατ᾽ ἀρετὴν ποιά τις）と述べており、究極的な幸福とは、智者がヌース（理性）によって思弁的な

(θεωρητική)活動を行うことであるとも述べている。これは現代の我々の言葉で言えば、学者が対象(自然)をよく究明できることをもってして幸福という、ということなのである。決して、奴隷社会の人々にとっての幸福一般とか、正しさ一般ということではまったくあり得ないのである。

また社会の究明への芽生えは、奴隷ではなく市民(ブルジョア)階級の台頭と共に、それなりにブルジョア社会全体のことを考えなければならなくなっていく時代、十二、三世紀あたりからである。」

会員には以上のように話したが、この社会の究明の始まりについては、社会構造の変化(教皇支配と皇帝支配との二重構造化など)を説きながら説明する必要がある。いずれにしても、アリストテレスについては、世間では文字通りの「万学の祖」(自然・社会・精神も含めて)と思われているので、それだけに、その中身、すなわち、本物の実態を現象させることが必要であろう。

そこで、では肝心のヘーゲルはアリストテレスのどういうところに着目し、どの程度の評価をしているのかを改めて確認しておこうと思い、『哲学史』を開くことにした。注意すべきは、ヘーゲルの単なる文字面を読んでしまうのではなくて、ヘーゲルの〝いわんとしているところ〟を摑まなければならないということである。文字面だけを追ってしまうと、アリストテレスのこと(内容)を大して評価していない部分なのに、それを立派に述べているようなくだりもあったりして、矛盾しているように見えてしまう。しかしそういうところは編集なり翻訳の不適切も加わっているかもしれないのである。

アリストテレスはいつでもただ個々のもの、特殊なものについてのみ考察したようであって、絶対者、普遍者が何であるか、神が何であるかを説くことはないように見える。……彼は普遍者を際立たせることがない。このことは決して見事なことではない。というのは……彼は理念という普遍者へと己を高めたとは見えないし、個々のものを理念へ導き戻したとも見えないからである。（α）彼は普遍的理念を論理的に際立たせることはしていない。……
（*VGP*, II, 151）

ここで言われているのは、例えば人間とはこういうもの、馬とはこういうもの云々……と一応一般的に述べることはできても、動物とはこういうもの……と説くことはまだできない、さらにはすべてをひっくるめてその根本原因である、神（思惟する神）とはこういうもの、と説くこともできない、ということであろう。

こういう箇所を読むと、ことさらに、『形而上学』に出てくる神（思惟の思惟）というのを、あまりにも強調してしまうと、本来のアリストテレスではなくなってしまいかねないと思った。神は確かにトップにいて全宇宙を統括してはいるのだけれども、どういう存在で、どのように万物を統括しているのかまでは説けないのがアリストテレスなのだろうかと思う。逆にそこが説けるためには、ある程度世界の事物の構造が視てとれるようにならなければならないであろう。

さて、ヘーゲルは次のように続けている。

〔アリストテレスにおいては〕唯一の絶対者としてではなく、それ(神の理念)はそれ自身ある特殊者として他のものと並列に現れているのであるが、それでいてそれは全き真理である。まるで「植物、動物、人間、それから、卓越したものとしての神もいる」というように。

(*ibid.* 151)

ここから分かることは、アリストテレスは学問の素材となるものは一応すべて提示しているのだけれども、まだ雑に並べるだけであって、それはこれから組織化(体系化)していくべきである、とヘーゲル自身は考えていたようだ、ということである。このようなことからアリストテレスは、○○とは何か、○○とは何か……とそれなりに出していくようには見えても、そしてそこでそれなりに秩序づけていくようにも見えはするものの、そこ止まりであって、すべての物事を意識して、神からその中身をしっかり説くことはできていないと言えようか。

またヘーゲルは、最初にアリストテレスの核となる考えを紹介した後は、かなりの部分を『自然学』の説明に割き、倫理や政治はいわゆる付け足しのような感じで終わっているのである。ここから推察しても、アリストテレスは「自然」についてはは思弁たる努力をなしていて、つまり自然の諸々の現象を重層的に考える努力をしていて、それなりに論じることはできていった観はあると言えようが、社会のこと(ましてや精神なども)については、論理的には当然ながら事実レベルでもほとんど何も説けていないと言ってよいのではないか。それはヘーゲルの次のような記述からも見てとることができよう、というものである。

既に述べたように、彼〔アリストテレス〕の魂についての教説というのは、いわゆる形而上学的なものではなく、むしろ魂の働き方について扱っているのである。よって我々は、アリストテレスの魂に関する教説の中に、魂の形而上学といったものを期待してはならない。というのも、そのようないわゆる形而上学的な考察は、魂を本来一つのものと考え、例えば魂はどのようなものであるかとか、魂は単純なものであるか否かを考察するものである。だがアリストテレスの具体的で思弁的な精神は、このような抽象的な諸規定を追究していくことはない。彼はそういうことからは遠く隔たっているのである。(*ibid.* 199)

また、政治学についてもヘーゲルはおよそ次のように述べている。

ところでアリストテレスはプラトンとは異なり、ある一つの国についての記述に関わるということはしなかった。彼の国制についての見解は、最も優れた者が支配しなければならないということだけであった。……それゆえ彼にとっては、国制の諸形式の規定はさほど問題ではないのである。……ここでアリストテレスの念頭に浮かんでいたのは、疑いもなくかのアレクサンドロス大王であって、彼は神のごとく支配しなければならない、何人といえども、たとえ法であっても彼を支配することはできない、と考えていたのである。　(*ibid*. 228)

この箇所には、古代という時代性がよく表れていると思える。当初は一般的に神政レベルの政治であって、トップの声は神の声と言ってもよいほどの絶大な権威、権力を持っていたのであるが、だからそもそも国家とは何かとか、近代のような法とは何かなど、真正面からも側面からも問題とすることもない、上御《カミ》一人の世界だったものが、いわゆる王権の没落で、神の声の権威など次第に力が失われていったと考えられよう。

ここから推して知るべしで、『政治学』や『倫理学』では、それらの権威の復興を果たすべくの問題として何かが説かれていったのだということである。それだけに、統治者としての生き方、国をどう治めるべきか、といったことに中心があったのだ、ととってよいのである。

第八節　アリストテレスの説く「自然」とヘーゲルの説く「自然」について

ヘーゲルの指摘にあるように、アリストテレスは社会制度のことについてはほとんど述べていない。だが、である。しかし、である。「自然」については当時のレベルとしては、それなりに論理的に捉えられていると言ってよい。すなわち『自然学』第二巻には次のようにある。

さてある意味では自然はこのように言われる。すなわち〔自然は〕自らの内にその運動や転化の始まり（アルケー）となるところのものの各々の基体である最初の質料である。しかし他方で〔自然は〕そのものの型式であり、ロゴスにおける形相である〔とも言われる〕。
（*Physica*, 193a28-a31）

ここでアリストテレスは、自然というものを、動植物やそれを姿形づくる基のもの（火・空気・土・水）のことであるとし、それ自らの内に運動するという性質を持っているものであると、自然物全体をまとめて一般的に説くことができており、人間が技術によって作ったものと明確に区別されるものとして説いている。それではこれに対して、二千年後のヘーゲルはどのように言っているのだろうか？　と思い、『エンチュクロペディー』を開いてみた。「第二編　自然哲学」の中の「自然の概念」において、ヘーゲルは次のように説いている。

> 自然は他在という形式を取った理念である(die Idee in der Form des *Andersseins*)ことが以上で明らかになった。したがって理念は、自己自身を否定するもの、つまり自己にとっては外面的であるから、自然は単に外面的にこの理念(及び理念の主体的な現存である精神)と関係するというのではなく、外面性そのものが、自然として存在するところの規定なのである。
>
> (*Enzyklopädie*, Zweiter Teil, Einleitung, Begriff der Natur, §247, 24)

> この外面性のゆえに、〔自然の〕概念規定は相互に無関心な存在と孤立化という姿を取るのである。それゆえ概念は〔自然においては〕内面的なものとしてある。したがって自然がその定在において示すものは、自由ではなくて必然性と偶然性である。
>
> それゆえ自然は、まさに自然たらしめるその特定の現存から見れば、これを神化するわけにはいかない。したがって人間の行為や出来事より先に、太陽や月、動物や植物などを、神の業とみなして顕揚するわけにはいかない。――自然は即自的であり、すなわち理念としては神的である。しかし現に存在する状態では、自然の存在は自然の概念に対応しない。自然はむしろ解消されない矛盾(der unaufgelöste Widerspruch)である。古代人が物質一般を非存在〔non-ens〕と解したように、措定されてあること、否定的なものであることが、自然

―の固有性である。　(*ibid.* §248, 27-28)

ヘーゲルは絶対精神の自己運動として、その中での絶対精神の最初の転換の在り方として自身の自然への転換をなしているので、こういう表現、すなわち「自然は他在という形式を取った理念」であり、加えて、「無関心な存在と孤立化という姿を取る」となるのである。絶対精神が自然へ、さらには国家としての社会へ、そしてその国家社会の発展の流れの中での自身そのものである精神へと発展していく。だがまだ自然の状態にあるということは、「他在という形式を取った理念である」だけに、自然に化体したところの絶対精神がそのままでは留まるはずもなく……である。自然というのはそのままそれ自体としては、確かに〝解消されない矛盾〟であるだけに、そこからの反省・離反を考えることになる。すなわち、以下である。

> 自然は諸段階から成る一つのシステムと見るべきであり、これらの段階は、ある段階が別の段階から必然的に生じてくるのであって、一つの段階はこの段階を結果として生じた他の段階のまず差し当たっての真理である。しかしそうは言っても、一方の段階が他方から自然的に生み出されるのではなく、自然の根拠である内なる理念において生み出されるのである(nicht so, daß die eine aus der andern *natürlich* erzeugt würde, sondern in der innern, den Grund der Natur ausmachenden Idee)。メタモルフォーゼ〔変態〕は、概念そのもの

にのみ属するものである。というのは、概念の変化こそが発展だからである。しかし概念は、自然においては一部は単に内面的なものにすぎず、一部は生ける個体としてのみ現存する。したがって現存するメタモルフォーゼは生ける個体にのみ限られる。

自然のある形式なり分野が一層高い段階へと形成され移行していくことを外面的で事実的な産出として見るのは、かつてのみならず、近時の自然哲学の拙い考えである。……

(*ibid.* §249, 31)


自然はそれ自体としては一つの生命ある全体である。自然の段階的進行による運動は、詳しく言えば、理念が即自的にあるその自己を措定する(die Idee sich als das setze, was sie an sich ist)ということである。つまり理念は、〔生命のない〕死であるところのその直接性と外面性とを脱して自己の内へ帰り、まず生命を持つものとなるが、しかしさらに理念が単なる生命にすぎないこのような規定態を止揚し、精神の現存へと高まるということである。ところでこの精神こそ、自然の真理かつ究極目的であり、理念の真の現実なのである。

(*ibid.* §251, 36)


いずれにしても思うのは、アリストテレスとヘーゲルとでは「自然」と言った場合でも説いていることが大きく違う、ということである。何がどう大きく違うのかと言えば、ヘーゲルでは単に自然の現象形態を見てそこから論理化するというのではなくて（単なる現象形態しか見てとれない当時の自然研究者らを批判もしている）、自然から精神に至るまでの絶対精神の生成発展の在り方を、自然そのものの現象形態の内部に、深奥に視てとっているのである。

第九節　アリストテレスのウーシアを実体と解することの誤謬

哲学史においてアリストテレスを論じる際に、論の中核となるべきは、『形而上学』の中心的な議題である、「（そのものの）何物であるか」に関わってである。後世、アリストテレスの存在論、実体論などと称されている。ここで通常「本質」とか「実体」と訳されるものの中身が、当時の時代性、学問の歴史から考えれば、とうていこのように訳されるものではない！　ということを我々は理解しなければならない。あくまでも原文では、「そのものの何物であるか」「そうあり続けてきているその物の何たるか」でしかあり得ず、その中身は、対象としているものの様々な現象形態を見つつ、様々な現象形態の中にも、変わらないであるもの（同じもの）を見てとろうとして、そのものはこうではなかろうか、とそれなりに論理的に捉えられたレベルにすぎないものである。

例えば「人間とは何か」とアリストテレスは問いを発し、それについては二本足の動物である、とか、よくて理性を持った動物であるとか、人間のエイドスは霊魂である、などと述べている。

しかしながらそれらは、人間の精神の構造に分け入って視てとったものでは決してない。すなわち、当時はまだ人間の精神の内部構造はおろか、頭脳が全身を統括することも分かっていなければ、頭脳の特殊な機能たる人間特有の認識、ということもまったく分かっていない状態である。したがってアリストテレスについても、この時代における認識のレベルで捉えることが肝心である。アリストテレスが人間のエイドスは霊魂である、と言う時には、様々な賢人の現象形態(優れた法律を制定するとか、政治顧問として適切な助言をするとか)を見ていきながら、それら様々な現象形態の中に変わらず同じようにあるもの、すなわちこれは(他の動物とは異なる)理性(ヌース)を持っているということだ、と把握したレベルにすぎないと分かるべきである。

本来の学問体系構築の過程ということから考えると、まだアリストテレスは、学問への端緒についたばかりの時代であって、その時代の人間の頭脳にいきなり「本質」などは絶対に分かるわけもないことを、しっかりと理解するべきである。アリストテレスの「実体」と訳されるところの「ウーシア」(οὐσία)については、二義がある。第一には、この人、この馬などの個々のもののことを言い、第二には、人間とか馬など普遍的なものを言う。また別の箇所では、そのものの何であるかのことを言う場合もあれば、ゲノス(類)のことを言う場合もあり、ヒュレー(質料)のことを言う場合もあり……と四つくらい挙げていく。こうした記述を見ていくと、要するにアリストテレスは、ウーシアとは何かを一言で概念規定できていないということは明確である。ヘーゲルが述べているように、アリストテレスは個々のものの概念を出そうとはしているのだけれども、それらはまだバラバラに並べられているだけで統一されていない云々、ということがこのウーシアのところにもあてはまるのである。

第二編　古代ギリシャ哲学、その学び方への招待〔前編〕

本編は、第一編の論考をよりよく理解するために、学問の原点である古代ギリシャ哲学の学び方について、説いていくものである。

そもそも我々が学問的実力をつけるために、なぜ古代ギリシャの学びが必要であるかと言えば、人類が学問的な認識を創出してきた過程がいかなるものであったのかを、その原点から、その生生・生成発展過程がなぜ生じたかの必然性も含めて理解し、その上で自らもその歴史を論理的に辿り返す(再措定する)実践過程を持つことが必須だからであり、その原点が古代ギリシャ哲学であるからに他ならない。かのヘーゲルも『哲学史』の「序論」において、哲学の始原について次のように説いている。

> 哲学は一切を包括する存在者としての普遍者が把握されるところ、つまり存在者が普遍的な形で捉えられるところ、思惟の思惟(Das Denken des Denkens)が現れるところに始まる。
>
> (*VGP*, I, 115-116)

そしてこれは、オリエントではまだなされなかったことであり、「哲学はギリシャの世界で初めて始まる」と説いている。そしてヘーゲルは『哲学史』の「結語」において、次のように説く。

> 今やこの点まで世界精神は達した。最後の哲学はそれ以前のすべての哲学の結実である。

何も失われていないし、すべての原理は保存されている。この具体的な理念は、（前六四〇年のタレス誕生以来）およそ二千五百年に亘ってなされてきた精神の努力（Bemühungen des Geistes）、つまり自己自身を客観視し、認識せんとした真摯な労苦の結実なのである。

Tantae molis erat, se ipsam cognoscere mentem.
（精神が己自らを認識するは、かくも困難なりき。）

（*ibid.* Ⅲ, 455）

すなわちヘーゲルは、自分自身の哲学が、ギリシャ哲学を基盤として二千五百年の歴史性をふまえて形成してきているものであるというのである。ドイツ観念論哲学の最高峰を築いたヘーゲルの「絶対精神」という概念を創る大本になったのも、この古代ギリシャ哲学だったのである。

青年時代のヘーゲルが愛した言葉の一つに「一にして全」（ἓν καὶ πᾶν）という言葉がある。これは古代ギリシャのエレア派に遡る言葉であるが、この内実こそが、後のヘーゲル哲学の根本概念を形成することになる絶対精神の大本であり、その意味から説けば、古代ギリシャ哲学とは、いわば絶対精神の「始原」と言ってもよいものなのである。

では、この学問の原点たる古代ギリシャ哲学の中身とは一体いかなるものなのであろうか。

第一章　古代ギリシャのフィロソフィアとは

第一節　日本語での「哲学」の意味と元の原語の意味

そもそも我が国において「哲学」という語は、明治時代の初めに西《ニシ》周《アマネ》（一八二九〜九七年）によって、フィロソフィーの訳語として創られた言葉である。幕末から明治期にかけての我が国は、西欧先進諸国の文化を早急に取り入れ、それらに学びそれらを自己化することなしには、国家としての存立すら危ぶまれた時代であった。そのために長い間に亘って続いた鎖国を中止し、国家を挙げて西欧の文化を取り入れたという歴史がある。そしてその一環として、ギリシャの学問に端を発するところの西欧のいわゆる「哲学」も入ってきた。

この「哲学」という訳語を創り出した西 周は、幕末から明治にかけての啓蒙思想家である。彼は儒学や蘭学を学んだ後、オランダに留学し、法学、経済学、哲学などを学んだ。明治政府の要職を歴任し、軍制や学制の整備に貢献する一方で、明六社の結成に参加し、西洋の学問の普及に努めた人物である。西 周は当初、賢哲を希求するという意味で「希哲学」「希賢学」などとも訳していたが、やがて「哲学」という訳語が定着していった。西 周はその著『百一新論』（明治七年、一八七四年）の中で、道理の「理」というのには、大きくは「物理」（物質一般の理）と「心理」（人間の心裏に存する理）との二つがあるとし、物理の中にも様々な分野があることを述べた上で次のように記す。

> すべてかようなことを参考にして心理に徴し、天道・人道を論明して、兼ねて教の方法を立つるをヒロソヒー、訳して哲学と名づけ、西洋にても古くより論のあることである。
>
> 今百教は一致なりと題目を設けて教のことを論ずるも、種類を論じたらばこの哲学の一種ともいうべくして、仔細は、もし一つの教門を奉ぜばその教を是とし、他の教を非とすること常のことなるに、百教を概論して同一の旨を論明せんとにはよほど岡目より百教を見下ろさねばならぬことである。ゆえに、かかる哲学上の論では物理も心理も兼ね論ぜねばならぬことであるが、兼ね論じるからといって、混同して論じてはならないのである。
>
> （『日本の名著34 西 周・加藤弘之』所収「百一新論」植手通有責任編集、中央公論社、一部現代用語に変えてある。以後の引用文献も同じ。また傍点部は引用者）

ここで西 周は、「百教を概論して同一の旨を論明せん」「物理も心理も兼ね論ぜねばならぬ」と述べている。すなわち、（現代の言葉で言えば）自然科学分野から精神科学分野までのすべての学問領域を見渡して概観して論ずる、つまりそれらを一つに括り、すべてを同じ筋で説けるような学問として、諸学の王たる学として「哲学」を考えていたことが分かる。このような意味を持つものとして西周が「哲学」を考えていたことは、それが近代にまで発展したものとしては、概ね正しいとも言えるものである。

しかし注意しなければならないのは、古代ギリシャの当初から、そのような「哲学」なるものが厳然と存在していたと捉えてしまっては、大きな誤りとなってしまうのである。本来、哲学とは端的に言えば、全世界を総括し、かつそれを体系的に統括する学である。しかし古代ギリシャの段階においては、全世界に関する知見を集めてきて総括するところまでがやっとの段階であり、これをやがては体系的にしていく素地をなしたのが、かのアリストテレスである。

ここで、西周が「哲学」と命名したその元の言語の意味について、少し説いておこう。この「哲学」の元の語は、英語ではphilosophyであり、ドイツ語ではPhilosophie、フランス語ではphilosophieである。これらはすべて古代ギリシャ語のφιλοσοφία（フィロソフィア）つまり「知を愛する」である。

それでは、古代ギリシャで説くところのフィロソフィアとは何であろうか。

原点的に見れば、フィロソフィア（φιλοσοφία）とは、当初は国（ポリス）の支配者層が、他国との対峙の中で、あくまでも国の存亡に関わって、国の存続を目的として対象を究明して得られた現実的知識そのもののことであった。しかしそこから次第に戦乱から離れて余暇が持てるようになるにつれて、精神的なゆとりが生じてくる。すると現実世界を見渡してそれらを全体として視て、考えを巡らせられるようになっていく。この世界を全体として視てとれるような段階へと至り、やがては現実そのものから観念の世界の出来事へと思索能力が高まっていくことになる。

その結果、ある部門ではとんでもなく現実から離れていった(いわゆるゼノンのパラドクスを想起されたらよい)ことによる反動が起きていくことになり、これが知を愛する、すなわち、直接に国家や現実の社会の役に立つソフィアであれかしとなって「フィロソフィア」の現実を迎えたのである。この「ゼノン」の学問力(弁証法)についてはやがて論じることになろう。

このことは端的に言えば、人類の認識が、世界を全体として把握せんとする強烈な目的意識を持つようになり、そこから世界を全体として遍《アマネ》く観る実力をつけていき、学問化が可能となる端緒についた段階と言えるものである。学問化が可能となる認識とはいかなるものかと言えば、物事を論理体系的に把握していくその原初形態が生じてきつつあった、いまだ「哲学」という形態は取り得ないものの、その形態を取るための端緒についたということである。

だが従来のギリシャ哲学研究においては、このような古代ギリシャ時代の段階というものが、しっかりと把握できていない現実がある。端的に言って、当時のレベルよりもあまりにも抽象度の高いものとして、フィロソフィアを解釈してしまうのである。

第二節　これまでギリシャの学問はどのように把握されていたのか

通説的な見解では、オリエント諸国ではいまだ実用的な技術レベルのものしか発展しなかったのに対して、ギリシャではいわば実利を離れて、純粋に原理を追求するといった学問的な認識が芽生えたといった考え方がその主流をなしている。例えば、我が国におけるギリシャ哲学研究の礎を築いたとも言える、東京帝国大学教授であった出 隆は次のように述べている。

> 吾々の謂うアテナィ以前の哲学者たちについては、如何なる記録も、彼らが外国の「哲学」(学の名に値する哲学)から影響された事を語っていない。だが最も決定的な事は、かのギリシア人が theōriē（見物—観想—理論）とか philosophiē(智慧の追求—哲学)とかいう語の下に解したような theoretisch, rational(理論的・合理的)な Wissenschaft(学！ 学的態度)は、先進諸外国の何処にも存しなかった、と信じられる事である。……
>
> 彼ら〔オリエント諸国〕の知的活動は、——それ自身何ら非難さるべきではないが、——ただ芸術的・宗教的の要求を満足させるもの、させんがためのものであって、決して、真にただ知らんがために知らんとし、ただ真理のためにひたすら真理を求めるというテオーリアの態度を有しない。ただ純粋に見る事、ただ知る事、即ち、das Theoretisch がそこには欠け

ていた。後のギリシア人において著しく見えるあの好奇心ともいうべきもの、即ち、純粋にただ知りたくて知ろうとする心、theōriē（物見見物）、philosophiē（知識追求）の態度を欠いていた。しかも、この態度あってはじめて、知識は theoretisch, rational と言い得る。

（出　隆著『ソクラテス以前』東海書房）

前記の引用箇所で出　隆は、ギリシャ人はあたかも実利とは関係なく、純粋にただ知りたくて知ろうとする心を持ち、理論的で合理的な学問を始めたのだと主張している。だが果たしてこの理解は正しいのであろうか。

ギリシャ語の「テオーリア」は英語の theory の語源であり、「理論」とか「観照」などと訳され、それは実践とか実用などとは対置されて捉えられることが多いようである。しかしながら、ギリシャ人は決して実践とは別個のものとしての「理論的」なるものに専心していたのではない。すなわち、実践をせずにただ「理論的」なものを考えるとか、何かを「観照する」などをしていたわけではないのである。あくまでも、日々生じる国家的諸問題を扱う過程で、徐々に思索を深めていったのである。

テオーリアが実践と切り離されたものではなかったことは、ギリシャ本国における代表的な哲学研究者の一人であるゲオルグリスも、その著書『ギリシャ哲学史』の中で次のように述べている。

ギリシャのテオーリアとは、決して静寂主義でもなければ、人間の実践活動を軽視するものでもない。むしろ人間の能力を拡大し、そのことによって、その時々の偶然に任せて行動するしか能のない奴隷状態から人間を解放するためのものなのである。タレスは経験的な知識だけでは十分ではなく、さらにその始まりを探らなければならない、と説いたのである。

（K.Δ.Γεωργούλης, *Ιστορία της Ελληνικής Φιλοσοφίας*, Παπαδήμα）

（注）静寂主義（イシハズモス *ησυχασμός*）とは、ギリシャ正教における修道生活の在り方を示す言葉。十四世紀の修道士、聖グレゴリオス・パラマスが重要視したもので、修道士は心の中でただ一人、神に祈り、あらゆる思念から隠れて純粋な祈りに身を委ねなければならないという考え方。

ゲオルグリスが指摘しているように、古代ギリシャにおける「テオーリア」は、実践とは別に、修道士のようにただ一人瞑想に耽ることでもなければ、実践を軽視して理論だけを考えるということでもない。ここでゲオルグリスの言を少し補って説明すれば、日本語でしばしば「理論」と訳されるギリシャ語「テオーリア」とは、元々は「（よく）見ること」というほどの意味であった。つまり最初は問題となる対象そのものをよく（しっかりと）「見る」ことであった。

しかしながらそのうちに、より目的意識性を帯びて対象に問いかけるようになっていくことになる。すなわち、問題となっている対象そのものをよく見て、それがなぜそうなっているのか、どうすればその対象をよりよく扱えるようになるのか、ということを考えることが徐々にできるようになっていく。このようにして古代ギリシャでは、物事の成り立ちを見てとることから、その見てとったものについてより深く考えられるような頭脳の働きができるレベルにまで深まっていく過程があったということである。

ギリシャ人は、オリエント諸国で長い年月に亘って培われてきた技術レベルの文化を、それを範とする形で十分なほどに学びとっていった。しかしながら、ギリシャにおいてはその文化を技術レベルで継承するに留まらずに、ある変化の兆しが起こっていくことになる。

それはどういうことかと言えば、オリエントのような絶え間のない戦乱からやや離れることによって、（まだ思索するだけの段階にはいきなりには至らないが）まずは物事を見つめるゆとりが生じてくることになるのである。すなわち、国事に関わっての諸々の問題に対処していくにあたって、その対象の在り方をやや落ち着いて見るゆとりが生じてくる。

そしてさらにそこから、その対象がなぜそうなっているのかを、次第次第に問いかけるようになっていく。これは決して個人レベルで行えるものではなく、互いの間で思いを、考えをぶつけ合いつつ（認識の相互浸透を図りながら）いわば当事者同士で、無意識のうちに集団力を創りあげながら、考える力を高めていく過程を持つことで、対象について考える力がより高まって、やがては論理レベルの思考能力へと高まっていったのである。

古代ギリシャ時代とはそういう時代であったがゆえに、「テオーリア」をいきなり「理論」と訳してしまうのは大変な無理があるというよりも、むしろ誤りであると言わなければならないであろう。ギリシャ時代にはまだまだ「理論」というレベルには程遠く、あくまでも対象となる様々な物事をよく見ていき、その過程でそれらの内に同じ性質を見てとる力がついていく、すなわち論理的な像が描けるようになっていく、その萌芽がギリシャ時代において徐々に創出されてきたということなのであり、それがアリストテレスで花と開いた（論文レベルの文章が書けるような、亜体系的な頭脳活動が可能となった）ということなのである。

第三節　古代ギリシャという時代性の理解
――スコレー（閑暇）が生まれることによる認識の発展

人類の歴史において、何故古代ギリシャで学問化が可能な認識の端緒が芽生えてきたのであろうか。この問いに答えるためには、まず古代ギリシャ時代という時代性を把握する必要がある。

今から遡ることおよそ二千五百年前、紀元前五世紀のオリエントにおいては、アケメネス朝ペルシャ帝国がエジプトをも併合し、西はエーゲ海域から東はインダス川流域に至るまでを支配下に治めて、全盛期を迎えていた。ギリシャはそのペルシャ大帝国の西方に位置しており、狭小な土地に点在するポリス（都市国家）の集まりであった。ギリシャ人は古くからエジプトやペルシャへ赴いて、自分達より遥かに進んだ先進文化を学んでいった。

ここでオリエントの文化について端的に述べておくならば、それはあくまでも、国を存続するために必要な物の生産に関わっての技レベル（軍事技術、農業技術等々）のものでしかない。エジプトにしてもメソポタミアにしても、相次ぐ戦乱が常態であってみれば、そこにはいまだ精神的な豊かさを持てるほどのゆとりが十分に生まれることもなかったのである。

しかしながら、そこからギリシャの地へ移ってくると、状況が変化していくことになる。それはいかなる変化かと言えば、戦争状態が幾分落ち着いてくるような状況が、要所要所で生まれ、そこを中心として次第次第に、現実世界についてややゆとりを持って眺め渡すような認識の変化が、徐々に生じてくることとなったのである。このあたりのことを示唆するものとしては、トゥキュディデス『戦史』の次の記述が挙げられよう。

住民の移動がことに頻繁に行われたのは、地味に恵まれた地方、すなわち現在テッサリアと呼ばれているところや、ボイオティア、ペロポネソスのうちアルカディアを除くその大半をはじめとする最も豊饒な地域である。なぜなら、地味が豊かであるために、ある者が権力を強めると、内乱が生じ、そこから壊滅することとなり、そのためにまた他の部族により陰謀が企てられることも多かったからである。だが、アッティカでは土壌の貧しさゆえに、太古より内乱がほとんどなかったので（τὴν γοῦν Ἀττικὴν ἐκ τοῦ ἐπὶ πλεῖστον διὰ τὸ λεπτόγεων ἀστασίαστον οὖσαν ἄνθρωποι ᾤκουν οἱ αὐτοὶ αἰεί）、常に同じ種族の人々がこの地に住み着いてきた。次に述べる一事は、このことを最も顕著に示している。

すなわち他に類を見ない〔アッティカの〕繁栄は、人々の移住によるものである。他のギリシャ各地から戦争や内乱のために国を追われ、アテネ人の保護を求めて王侯貴族が亡命してきたのであり、彼らは間もなく市民となり、遥か昔から人口を増加させ、ポリスをいっそう強大にしてきた。そして遂には、アッティカだけでは間に合わなくなり、後にイオニアにまで植民市を建設することとなったのである。

(Thucydides, *Historiae*, 1.2)

　というのもかつてはギリシャのどこでも、家屋を護る外壁がなく、互いに往来するには危険が伴ったがゆえに、人々は皆、武装しており、また日常生活でも、異民族のように、武器を伴侶としていたために他ならない。今なおギリシャの一部においても類似の風習が残っていること自体、かつてはこれに似た生活が広く行われていたことを示している。その中にあって率先して武具を外し、生活の緊張を緩め、かつてない優雅の風に改めたのはアテネ人であった（Ἐν τοῖς πρῶτοι δὲ Ἀθηναῖοι τόν τε σίδηρον κατέθεντο καὶ ἀνειμένῃ τῇ διαίτῃ ἐς τὸ τρυφερώτερον μετέστησαν）。この優雅な生活における豊かさのうちには、アテネ人貴族の長老が身に着けるリネン製の長衣、頭髪を束ねて留める蝉型の黄金ピンなどがあったが、この風俗がすたれたのはさほど昔のことではない。……

(*ibid.* 1.6)

このようなトゥキュディデスの記述から分かることは、ギリシャ文化の中心地となっていくアテネは、元来の土壌の貧しさゆえに作物が十分に取れないという地理的制約に規定されて、古来、戦乱の少ない土地柄であったということである。そのために、アテネには亡命貴族が逃れてきて住み着くようになる。そこではほとんど戦禍を被ることがない分、生活に比較的ゆとりが生じて、精神文化が生まれることが可能となった。逆に言えば、絶え間ない戦争状態にあっては、軍事的・技術的発展は大なるものがあっても、精神文化が豊かに育まれるということはない。

ギリシャにおいていわゆるフィロソフィアが生み出されるには、それまでのオリエントの文化を学ぶのみならず、それらを一体化して、全体として眺め渡せるようになるための余暇を持てる段階に達することが必須だったのである。

第四節　フィロソフィア（知を愛する）とはどういうことか（プラトン対話編より）

では、古代ギリシャ人にとってフィロソフィアとは何であったのか、その内実について、本節ではプラトンの『国家』（Πολιτεία）を繙きながら少し見てみることにしよう。

ペルシャ戦争後、ギリシャの中で覇権を握ったアテネはいわゆる黄金時代を築いたものの、その後は衰退の一途を辿ることになる。プラトンが青少年時代を過ごしたのは、アテネがスパルタとの戦いに明け暮れたペロポネソス戦争の渦中であった。荒廃しきったアテネを再興させるために、プラトンはポリスの指導者を育成するべく聖地アカデモスに学園を創設した。有名なアカデメイアである。このアカデメイアからは多くの優秀な立法家、政治家、将軍、学者などが育っていった。そこでのおよそ十年あまりの教育、研究の後に書きあげたのが『国家』であったといわれる。

この対話編の中でプラトンは、ポリスを見事に統治できる指導者を創るにはどうしたらよいか、という問題について説いている。プラトンは、ポリスの指導者は「知を愛する」者でなければならないと説くわけだが、ではプラトンのいう「知を愛する」とはどういう意味なのか。少し長くなるが引用する。

「将来、ポリスにおける優れて立派な護り手となる者の性質は、我々から見てまさしく、知を愛し(φιλόσοφος)、勇敢で敏速で、強くなければならない。」　(*Respublica*. 376C)

……

「ではそういう人達は、守護者のうちで最も優れていなければならないから、ポリスを最もよく護る者達ではないかね?」

「はい。」

「それでは、彼らはそのことにかけて賢く、能力があり、さらにポリスを気づかう者でなければならないのだね?」

「そうですね。」

「ところで、人は自分が愛するものをこそ、最も気づかうだろう。」

「必ずそうですね。」

「そして最も愛するものというのは、自分にとっても同じことが利益になると思われるようなもので、そのものが幸せであれば自分も幸せになると思われ、そうでなければ逆の結果になるようなものだ。」

「その通りですね」と彼は言った。

「したがって我々はすべての守護者の中から、次のような男を選び出さなければならない。すなわち、我々がよく見定めて、全生涯に亘ってポリスの利益になると思われることを全力を傾けて行い、そうでないことは決してしようとも思わないように見てとれる者をである。」

「確かに、それがふさわしい人ですね」と彼は答えた。


(412C-E)

またプラトンは、国家においても人間の魂においても、三つの部分、すなわち理知的な部分、気概的な部分、欲望的な部分があるという話の中で次のように言う。

「他方、知恵がある(σοφός)というのは、あの小さな部分、つまり自らの内で君臨しており、それらのことを命令している部分によるのであり、これもまたあのような知識を自らの内に持っているのだ。つまり三つの部分のそれぞれにとっても、またそれらの共同体全体に

――とっても利益となるような知識をだ。」（442C）

以上のようなプラトンの記述から、古代ギリシャ時代における知（知恵）とは何か、そして知を愛するとはいかなることかが見えてこよう。それは、何よりも国家（ポリス）を他国から護り、国家を成り立たせ繁栄させることができるための、その限りにおいての諸々の知恵を身につける、ということだったのである。それ以上のものでも以下のものでもない。したがって古代ギリシャの学者は、単に観念の世界だけで自己目的的に「知を追求する」などというような、いわば空理空論をもてあそんでいたわけでは決してなかったのである。

つまり、当時の学問というのは決して抽象的なレベルまでには程遠く、国を治めるために必要な限りの諸々の知識を、「共同体の利益全体のために」一体として己がものとして考えていくことであり、それ以上のものではなかったということである。

第五節　フィロソフィアへ至る原初的段階――ヘラクレイトス

国事に関わってのすべてを見渡して総括していけるような認識の原初的形態が出てきたのが、タレスをはじめとするイオニアの賢人の段階である。例えば、ヘラクレイトスの言として有名な「万物は流転する」等がそのような認識を端的に表している。

まずこうした認識を育むことになった当時の時代性から見ていこう。先に紹介したトゥキュディデス『戦史』にも述べられていたように、ギリシャ人はギリシャ本土からアナトリア沿岸（イオニア地方）へ進出し、植民市を建設していった。イオニアはオリエントの辺境地帯であったが、やがてヘラクレイトスの時代（前六世紀後半～前五世紀初頭）には、オリエント一帯に領土を拡大してきたペルシャに侵略され、その支配下に置かれることとなっていった。この頃のペルシャ侵攻のありさまがいかなるものであったのかについては、ヘロドトス『歴史』にも詳しく記されていることである。さて、ヘラクレイトスは、このイオニア地方のエフェソスという植民市の王族の出身であった。言い伝えによれば、彼については次のように言い伝えられている。

ヘラクレイトスはブロソンの子、あるいはある人達によればヘラコンの子で、エフェソスの人。……彼は誰にもまして気位が高く、尊大な男であった。……彼はまた、友人のヘルモドロスを国外追放にしたということで、エフェソスの人々を非難しているが、その中で次のように述べている。「エフェソスの人間など、成年に達した者は皆、死んでしまった方がいい。そして国を未成年者に残してやるべきだ。彼らはヘルモドロスという、自分達の中でも一番役に立つ男を……追い出したのだから」と。そしてまたエフェソスの人々から法律を制定してくれと頼まれた時にも、この国は既に悪しき国政の下に置かれてしまっているとの理由で、彼はその要請を却下したのだった。……

そして遂に彼は人間嫌いになって、世間から遠のいて山の中にこもり、草や葉を食べながら暮らしていた。　(DL. 9.1)

ここには、ヘラクレイトスがエフェソスを代表する王族として誰よりも気位の高い人物であったこと、しかし当時のエフェソスの政界のありさまに落胆し、隠遁生活に入ったことが記されている。ただそうなるに至るには、然るべき事情があったはずである。言い伝えによれば、ヘラクレイトスは『自然について』という書を著したとされ、その書は別名『生活を律するための正確な舵取り』ないしは『すべての人々にとっての慣習の指針、秩序全体〔を保つため〕の竜骨』とも呼ばれていたという。そして時のペルシャ王ダレイオスから次のような招請の手紙を受けとっていたのである。

また〔ペルシャ王〕ダレイオスも、彼と好誼を結びたいと望んでおり、彼に宛てて次のように書き送ったのだった。

「エフェソスの賢者、ヘラクレイトス殿

ヒュスタスペスの子、王ダレイオスより

拝啓

貴殿は、『自然について』なる書物を著されているが、それは難解で解釈しがたい。確かにその中のいくつかの箇所には、貴殿の言葉に従って解釈するならば、世界の全体と、世界の中で起きることで最も神的な運動に属するものとについての考察を可能にするものが含まれているようには思われる。しかしながら、大半の事柄については保留されているゆえ、種々の書物にかなり広く精通している者でさえも、貴殿が正しいと信じて書かれている説明にはまったく困惑しているのである。

そこでヒュスタスペスの子、王ダレイオスは、貴殿の説を聴講し、ギリシャの教養に預かりたいと望む次第である。さすれば余に会われるべく、我が王宮へ至急お越し願いたい。……余の下では、貴殿にはあらゆる特権が与えられようし、また日々、見事で重要な説を開陳していただくことで、貴殿の勧告にふさわしい栄誉ある生活が待っていることであろう。」

(*ibid.*)

イオニア地方の植民市は、長らくペルシャ帝国に税を納め、軍隊を供給することで植民市の存続を許されるという隷属状態に甘んじていた。そしてペルシャ帝国では、世界制覇のためにギリシャ全土を制圧する企図があったために(特にギリシャの有能な人間をペルシャ側に取り込もうとする試みがなされていた。実際にペルシャの王宮に仕えたギリシャ人も少なくなかったのである。おそらくヘラクレイトスもその高い実力を買われて、ペルシャ王に仕えることを要請されたものとみられる。しかしこれに対するヘラクレイトスの返信は以下のようなものであったという。

「ヒュスタスペスのご子息、ダレイオス王へ

エフェソスのヘラクレイトスより

拝復

およそこの世にいる人間は、真理と正しき行いから遠ざかり、みじめな愚かさゆえに、飽くことを知らぬ貪欲や、名声の渇望へと心を向けているのでございます。しかしながらこの私は、そのようないかなる邪悪さにも覚えはなく、嫉妬と深く結びついているあらゆるものに満ちた状態を避けており、また驕る気持ちも毛頭ございませぬゆえ、ペルシャの地へ赴くことはできぬと存じます。わずかのものでも、私の意に沿えば、満足しておる次第でございますゆえ。」

(*ibid.*)

この人は、〔ペルシャ〕王に対してさえも、このような〔態度を取る〕人だったのである。

一小国エフェソスの王族ヘラクレイトスは、全オリエントの覇者ペルシャ王からの招請をこのようにきっぱりと拒絶したのであった。これらの言い伝えから推察し得ることは、ヘラクレイトスはペルシャの隷属下に甘んじているギリシャ社会を忌避して、ペルシャ支配の不可避を悟りつ

つも、自らはエフェソスの王族としてのプライドを把持して、最期まで奴隷的精神に堕することのない生き様を求めていたということである。当時の状況からすれば、ペルシャ王の要請を拒絶することは即、死をも意味することであったろう。ヘラクレイトスが隠遁生活に追い込まれたのは、単なる現実逃避ということでは決してなく（逃避であれば、実際に西方へ亡命する貴族も多かったのだから）、表向きはそういう態度を取ることでしか、もはや生き残る道はなかったからであるとも言えよう。

こうしてヘラクレイトスは、戦乱の世にありながらも、政界の真っ只中というよりもそこから身を引いた状況にあったわけで、そういう中から「万物は流転する」との文言に表される彼の認識も形成されていったのである（もっともペルシャ側に取り込まれていれば、どうなっていたかは分からない。おそらく名もない人として歴史の中に埋もれていっただけであろう……）。

少し具体的に述べてみよう。当時、かの国で起こっていた事実を見てみると、例えば、あちらでは神殿が焼き払われる、こちらでは船が壊される、人々が虐殺される、婦女子が略奪される、将軍が捕虜としてペルシャに連れ去られる……再び軍隊を立て直していって、少し戦況が持ち直したかに見えても、また倒されてしまう。町を再建したものの、暫くするとまた略奪され破壊されていく……等々ということが延々と繰り返されていく。こうした状況を、ヘラクレイトスの立場では、それぞれの個々の事実を個々の事実として見るのではなく、それらのすべての事実を括って、ああ、何一つ、同じままでいることはあり得ないのだ、かつての平和な頃に戻ることはもはや二度とできないのだな……などというように、その世界を全体として見渡して捉えられる認識ができてきつつあるのである。そのようにして語られたとされるのが、プラトンの伝える有名な次の文言である。

> どこかでヘラクレイトスは、すべては移ろい、何一つ留まらない（πάντα χωρεῖ καὶ οὐδὲν μένει）と語っている。そして有るものを川の流れになぞらえて、汝は同じ川には二度と入ることはできまい（δὶς ἐς τὸν αὐτὸν ποταμὸν οὐκ ἂν ἐμβαίης）、とも語っている。
>
> (Plato, *Cratylus*, 402A)

また次のようにも伝えられている。

> 彼の教説を細かく見ていけば次のようである。すなわち、火がすべての物の要素であり、すべての物は火が弱まったり強まったりすることで生じたところの、火の転換物である。だがこのことを彼は少しも明確に説いてはいないのであるが。またすべての物は対立によって生じるし、その全体は川のように流れている。さらにすべてには限りがあり、世界はただ一つである。そして世界は永遠の時間に亘ってある周期に従いながら、交互に火から生まれて、また再び火へ帰るのである。そしてこのことは宿命に従って起こるのである。また相対立す

るもののうち、生成へと導くものは戦争や争いと呼ばれているし、他方、すべての物が焼尽する状態へと導くものは、和平や平和と呼ばれている。そしてこの転化を彼は、上り、下りの道と名づけて、世界はこの転化によって生じるのだとしているのである。（DL, 9. 1）

このようなヘラクレイトスの説とされる言い伝えから、我々はその時代性から形成されてきたヘラクレイトスの認識のレベルというものを読みとれなければならないのである。「同じ川には二度と入ることはできまい」という文言、そして「すべての物は対立によって生じる」ということ、そしてすべての生成や消滅を、火の燃え上がりや燃え尽きる様《サマ》に見立てて、「生成へと導くものは戦争や争いと呼ばれている」「焼尽する状態へと導くものは、和平や平和と呼ばれている」との文言は、まさに当時の社会状況の反映から、それらを一体的全体と捉えて形成された認識を、言うなれば表象レベルで表している。

これ以後、ギリシャの学者は、自国を中心としての世界のありさまを俯瞰して、国を統括するために必要なありとあらゆる問題を一体として考えていき、それらの対象を全体として（一つとして）思索する力を徐々に深めていったのであった。そのようにしてやがてそれら総括したものを体系化していく素地ができていくのが、アリストテレスの段階なのである。

第二章　学問化への原点たるパルメニデス、ゼノンを説く

本章では、ギリシャで学問への原点が創られるきっかけとなった、エレアのパルメニデス、及びゼノンについて論じる。パルメニデスの「万物は一にして不動である」との考えは、哲学史上どのような意味を持つものであるのか、どのように評価し得るかをしっかりと説いていく。

第一節　ヘーゲルはパルメニデス、ゼノンをどのように評価しているか

ヘーゲルはエレア派について次のように述べている。

絶対的な本質を純粋概念ないしは思惟〔というレベル〕において表現すること、そして概念ないし思惟の運動を示すことが次なる段階として、必然的に進みゆくものとして見てとれるのであり、それが見出されるのがエレア派である。エレア派において思惟は自らを自由なものとなす。つまりエレア派が絶対的本質として表明するものにおいて、思惟は自己を純粋に把握し、概念の内へと思惟は運動してゆく。ここに弁証法の始まりがあり、すなわち概念

へ向けての思惟の純粋な運動の始まり（der reinen Bewegung des Denkens in Begriffen）がある。現象または感性的存在に対する思惟の対立がある。
（*VGP*, I, 275）

……

だが今や変化はこの上ない抽象化によって無と捉えられ、その対象的な運動は主体的なものへと転化し、意識の側へと置かれるようになるのであり、本質は不動なものとなるのである。
（*Ibid.* 278）

ここでヘーゲルは、エレア派において弁証法が始まる、概念へ向けての思惟の純粋な運動の始まりがある、と述べているが、これはいかなることなのであろうか。

さらにパルメニデスやゼノンについて、ヘーゲルはどのように説いているのかを見てみよう。パルメニデスやゼノンの直接の著述といったものはまったく残っておらず、現存するのは、後世の学者による言い伝えのみである。ヘーゲルは、そうした諸断片を媒介としつつ、次のように述べている。

まずパルメニデスについては、“Mit Parmenides hat das eigentlich Philosophieren angefangen.”「本来の意味で哲学するということは、パルメニデスをもって嚆矢とする」（『哲学史』）とされ、またゼノンについては“der Anfänger der Dialektik”「弁証法の創始者」（同書）とされている。すなわち、パルメニデスには哲学の開祖、ゼノンには弁証法の開祖としての極めて高い評価を与えているのである。ヘーゲルがこのように述べていることの中身は一体何なのであろうか。彼らの学問的実力はどの程度なのであろうか。ヘーゲルは、パルメニデスの言と伝えられる重要な断片を取りあげている。それは、パルメニデスが若き日に〝真理〟を見出すに至った経緯を語ったと言われる詩である。この詩は『フュシス〔自然〕について』というタイトルで伝わっている。この冒頭でパルメニデスは、自らが駿馬の引く馬車に乗って、太陽神ヘリオスの娘達に道案内されながら、女神ディケーの元へと進んでいく。そしてその女神のところに辿り着いた時、彼はこの女神から次のような言葉をかけられたというのである。

おお、若人よ。……よくぞ来られた。汝をこの道へ送り出したのは、決して悪しき定めではない。まことに〔この道は、普通の〕人間の辿る道から離れてはおるが、それは掟とディケー〔裁きの女神〕のなしたことゆえ。汝は〔ここで〕すべてを尋ね学ばねばならぬ。〔すなわち〕見事に丸い真理の、揺らぐことのない心を〔知り〕、そして死すべき者〔人間〕の、正しい根拠のない思惑をも〔知らねばならぬ〕。だが汝は次のことも同様に学ぶことになろう。すなわち、いかにしても〔どのような仕方でも〕当然に確かなものとして通っているように思われているすべてのことをも、である。

（DK, fr. 1）

いざや我は汝に告げなむ。汝はこれから聞く話をしかと心に留めよ。そもそも、探究の道はいかなるもののみと考えられようか。一つは、有るということ、そして有らぬことなどあり得ぬという道、これはペイトー〔説得の女神〕の道である。真理に従うがゆえに。他方は、有らぬということ、そして有らぬことが必然という道、これは汝にはまったく探し求められぬ道であることを告げておく。なぜなら、有らぬことは(それは不可能ゆえ)汝には知り得ず、言い表すこともできぬゆえに。

(*Ibid*. fr. 2)

なぜなら思惟することと有ることとは同じであるゆえに(τὸ γὰρ αὐτὸ νοεῖν ἐστί τε καὶ εἶναι)。

(*Ibid*. fr. 3)

こうした諸断片に言及していきながら、ヘーゲルは次のように述べる。

本来の哲学はパルメニデスから始まったのである。この中にはイデアの国への高揚が見てとれる。人間はあらゆる常識的観念と臆見から自己を解放し、それらの真理性を取り去る。そしてただ必然的なもののみ、存在のみが真なるものであると言う。もちろん、この始まりはまだ不鮮明であり、〔何であるとも〕規定できない。また、その中に何が存在するかについては立ち入って説かれていない。しかし、これについての説明こそ、まさにここにはまだ存在しないところの哲学そのものの芽生えなのである。

(VGP, I, 290)

パルメニデスがいわんとしていることは、有るもののみが真なるものとしてあるのであり、それは思惟によってこそ捉えられるものである。それに対して、通常の常識的観念や臆見で把握したものは、本来的に有らぬものである、ということである。ヘーゲルは、〔臆見ではなく〕まさに思惟によって捉えられるものこそが真なるものとしてパルメニデスが捉え得た点を、やがては哲学へと発展していくその出発点に立ったとして高く評価しているのである。さらにヘーゲルはゼノンについて次のように述べる。

パルメニデスはこう主張した。「すべてのものは不変である。なぜなら変化においては有るものの非存在(Nichtsein)が定立されることになろうから。だが有るのは存在(Sein)のみである。「非存在が有る」となると主語と述語とが互いに矛盾してしまう」と。これに対してゼノンは言う。「君らが〔言うような〕変化があるとせよ。すると変化そのものにおいては、その無があるのみ。あるいは変化は無である」と。その場合前者にとっては、変化は規定された、中身を持つ運動であった。ゼノンは運動そのもの(die Bewegung als solche)、ない

―しは純粋な運動(die reine Bewegung)に反論したのである。（*ibid.* 295）

ゼノンは師パルメニデスの説、すなわち思惟によって捉えられたもののみが存在するのであり、それは不変なるものである、ということを擁護しようとして、変化するものなど存在しないのだと、思惟のレベルにおいて運動そのものを否定してみせたということである。ここで「運動そのもの」「純粋な運動」と述べているのは、運動というのを事実レベルではなく思惟のレベルで捉えているということである。ヘーゲルはこのゼノンの段階をもって弁証法の始まりであると言う。これはいかなることなのであろうか。

第二節　パルメニデスの生きた時代と社会について

パルメニデスとゼノンの学問的実力の内実を検討するに際して、まず彼らの生きた時代及び生まれ育った場所を把握しておく必要がある。パルメニデス、ゼノンが生きた時代は、前章で取りあげたヘラクレイトスとほぼ同時代のペルシャ戦争の時期であり、彼らが活躍した場所は南イタリアの植民市エレアである。

先に、フィロソフィアは精神的ゆとりを持てるほどの余暇が持てることで生み出されてきたことを述べた。この南イタリアは地政学的に見て、まさにそうしたことを可能にするような環境にあったと考えられる。すなわち、ペルシャ戦争の舞台はエーゲ海域及びギリシャ本土の東沿岸部までであって、それより西方の南イタリアは直接、戦場となることはなかった。そのため、東方からこの地域には多数のギリシャ人貴族が亡命してきたのである。

エレアは、元来イオニア地方に住んでいたギリシャ系フォカイア人が、紀元前六世紀半ばに、ペルシャの隷属から逃れるようにしてやってきて建設したポリスであった。この地に移住したフォカイア人は、ギリシャ人の中ではいわば遠洋航海の先駆者であり、アドリア海やイベリアなどを、ギリシャ世界で初めて発見したとされるほどの航海術、そしてそれと一体化している海軍力に優れていた。そしてエレアは、ミレトスに次いで軍事的にも経済的にもいわばナンバー2の実力をつけていったのである。特筆すべきは、フォカイア人はエジプトやリュディアなどから原材料を輸入し、優れた武器を製造してそれを輸出し、莫大な利益をあげていた、今でいういわばハイテクの最先端都市を築いていたということである。このフォカイア人に関しては、例えばトゥキュディデス『戦史』に次のように記されている。

その後、最初のペルシャ王キュロスの治世から、その息子カンビュセスの時代にかけて、イオニア人も海軍を強化するに至った。彼らはキュロスと戦い、彼らの海〔イオニア近海〕をかなりの期間に亘って制圧した。……またフォカイア人はマッサリア〔現マルセイユ〕へ植民する際に、カルケドン人〔カルタゴ人〕を海戦で打ち破った。これらは海軍が最強だっ

―たところである。（*Historiae*, 1. 13-14）

このように、パルメニデスやゼノンを輩出した地エレアとは、元来東方から落ちのびてきた亡命貴族らによって発展した都市であり、当時としては最先端の軍事技術を把持していた地域である。しかもペルシャ戦争の舞台からやや離れて位置していたことから、東方の地に比べて貴族達は精神的ゆとりを持つことが可能となっていったことは十分に推測できることである。パルメニデス、ゼノンの実力の内実を考える上では、こうしたことを念頭に置いておく必要がある。

第三節　エレアの大政治家パルメニデスとその高弟ゼノン

パルメニデス（紀元前五一五年頃〜四四〇年頃）は、エレアの名望ある富裕な家柄の出身であり、大政治家として優れた法を制定したことも伝えられる。

ただしここでいう政治家を、現代の政治家というようなレベルのものとしてイメージしてはならない。この時代におけるポリスの指導者層とは、単なる政治的能力というに留まらずに、いわばすべての学問的分野に亘る諸々の対象を全体として把握しながら、それらの知識を一体として働かせられるレベルにあったことを強調しておきたい。これは一般的にはあまり顧みられていないことではあるが、パルメニデスは例えば天文や医療に関する知見も持ち合わせていたことが、残された微かな断片からも十分に推察することができるのである。

またプラトンなどによれば、パルメニデスとその高弟ゼノンは、アテネに招聘されて上層部の人々と交流したという。その中には、やがてはアテネの黄金時代を築くことになる、かのペリクレス(政治家で最高司令官を務める)もいたのである。もちろんこの場合の交流とは、単なる社交ということではなく、アテネの指導層に当時最高レベルの「知恵」を教授したのだと言うべきである。このパルメニデスの社会的地位、すなわち一国の大政治家としての地位は、彼の学問的実力養成に大きく関わってくることになる。

端的に言えば、パルメニデスは自国の存続という大目的にすべてを収斂させるべく、国を統括していく過程で、つまり国事に関わるすべてをその一つの目的の下に収斂させていくことを通して、物事を一つに括る実力をつけていくことになったのであり、その括っていって摑んだものが、個々の事実とは異なる〝何か〟であることを意識するようになっていったのである。

第四節　アリストテレスによるパルメニデスの記述

アリストテレスは、彼の時代までの諸々の研究について、先人達の見解を総括して説いている。この中で、パルメニデスに関する記述として重要と思われる箇所を取りあげてみよう。まず一つ目は、『形而上学』における以下の箇所である。

> 彼〔パルメニデス〕は、有るもの以外に、ないものなどあるはずもないのだから、有るものは必ずや一つであり、他の何物もないと考えたのである。……だが彼は、現れているものども〔現象しているものども〕に従わざるを得ず、ロゴスに基づけば一つなのだが、感覚によれば多くあると考えて、再び二つの原因、二つの原理を立てている。……
>
> （*Metaphysica*, 986b28-34）

ここでは、有るものは一つであり、他の何物も存在しない、ロゴス（物事の理）に基づけば一つでしかない、という点が重要である。二つ目は、『生成消滅論』における次の箇所である。

> したがってこれらの議論から、彼ら〔パルメニデスなどの古の知者〕は、感覚を超えてゆき、感覚を見やりつつもロゴスに従わねばならず、すべては一つであり不動である、と言ったのであり、さらには無限であると言った人々もいる。……かくして一方の人々はこのようにして、また以上のような理由から、真理について主張したのであった。だが、ロゴスの上ではこうなるように思えても、事実の上でそのように考えれば、ほとんど狂気の沙汰に見えてしまうであろう。
>
> （*De generatione et corruptione*, 325a13-20）

ここでは、ロゴスに従って考えればすべては一つであり不動である、すなわち変化しない、という点が重要である。そして三つ目は、『天体論』における以下の箇所である。

彼らのうちある人々は、全体として見れば生成と消滅を取り去ったからである。というのは、有るものは何ら生成も消滅もせず、ただ我々にそのように見えるにすぎない、と彼らは言うからである。例えばメリッソスやパルメニデスに従う人達がそうである。彼らは他の点では見事に語っているにしても、少なくとも自然物について〔そのまま自然物としてのレベルで〕語っているとみなすことはできない。なぜならば、有るものどもの中で、あるものは生まれもせず、全体として不動であるというのは、むしろ自然についての考察とは異なる、いっそう先なるものの考察に属するからである。

彼らは感覚される実体以外の何物も存在しないと想定しながら、知とか思慮がある以上、そういった何らかの性質のものがなければならないと初めて考えた人達であった。

(*De caelo*, 298b14-b24)

自然にあるものは、絶え間なく生成、変化、消滅するものであるが、パルメニデスらはそうした自然物を、そのような事実レベルで捉えることに留まらず、有るものを不動のものとみなして事実レベルでの考察から明確に区別して、それを「より先なるものの考察に属する」と考えた、とアリストテレスは説く。これら三つの点を要約すると以下のようになろう。

自然にあるものは、感覚によって捉えれば確かに多くあるのであるが、しかしロゴスにおいて捉えれば、すべての有るものは一つであり不動である。すなわち、有るものは生成も消滅もしない。このような考え方は、自然物をそのまま具体的な事実レベルでの自然物として考察することとは異なり、「より先なるもの」として考察することである。この「先なるもの」とは、現代の言語で表現すれば、観念の世界のものということであり、もっと言えば論理のレベルで考察するものということになるのであるが、古代においてはいまだ「論理」ということが明確でないこともあり、「先なるもの」との表現しかできない、ということである。

第五節　パルメニデスの学問的実力とは

以上を前提としてパルメニデスの実力を考察してみたい。ここで重要な点は、諸々のものは絶えず生成したり消滅したりして変化しているように見える(感覚される)のだが、しかしロゴスの上では、それらは「一にして不動である」ということである。

端的に言って、このパルメニデスの実力は、学問の発展の歴史から見て特筆すべきものがある。どういうことかと言えば、第一に、すべてのものを一に収斂させたという点である。そして第二に、すべてのものは一であり、それは不動＝運動しない＝動かないとした点である。そして第三に、この一なるものは通常の感覚レベル、常識レベルのままでは捉えることのできないもの、思惟によってのみ捉えられるもの、としてそれなりに区別した点である。

こうしたパルメニデスの説は、先のヘラクレイトスの「すべては流転して留まることがない」とする説への強烈なアンチテーゼとして出されていったものである。東方の地に留まったヘラクレイトスに対して、新たなる西方の地で国政に携わったパルメニデスには明らかに認識の変化が見られる。この意味については後ほど述べるとしよう。

ともあれ、このようなパルメニデスの説を、当時の人々は果たして理解できたのであろうか。実はパルメニデスのこの言葉は、当時の大多数の知識人にも、とうてい理解することができなかったのである。プラトン『ソフィステス』には、パルメニデス、ゼノンの門下の一人であるエレアからの客人が登場するが、その人物をしてプラトンは次のように語らせている。

あの方々は、我々大多数の者を完全に見下していて、相手にもされなかったほどだ。なぜならあの方々は、我々が彼らの話していることについていけようがいけまいが、それにはまったく注意を払うことなく、あの方々はそれぞれご自分達の話を進めていってしまうのだ。……テアイテトスよ、君は神に誓って、一体あの方々の話すことを、そのつど理解できているだろうか。

(*Sophista*, 243a-b)

以上の文章で「あの方々」というのは、パルメニデスをはじめとするいわゆるエレア派を指している。要するに、当時の人々はパルメニデスの説いていることがまったくと言ってよいほどに理解できなかったのである。まただからこそ、パルメニデスの高弟であるゼノンが、師の説を強烈に擁護する必要性に迫られ、後世に「ゼノンのパラドクス」などという名をつけられた説を提示しなければならなくなったのである。これについては後述する。

　さて話をパルメニデスに戻そう。「すべての有るものは一である」とは、端的にはすべてのものを一に収斂させることができたということである。この世の中のあらゆるものを一としてまとめあげていくことができたということであり、世の中のあらゆるものを一として、極めて素朴ではあるが抽象化する能力を培っていったということである。それだけではない。パルメニデスはさらに「すべては一にして不動である」という。これは、すべてのものは一つに収斂でき、その収斂したものは運動・変化することはない、揺るがない、揺らいではならないということである。

　つまりパルメニデスにとっては、すべてが移ろいゆく、いわば不確実な確固としたものがない世の中であればこそ、国の指針を定める指導者としては、確実で移ろいゆかない＝変化しない「何か」を希求し続けていったということである。そしてそのような探求の道のりというのは、現代の我々から見れば、論理能力の古代的な段階、初歩的レベルを修得する道なのである。

　先にヘーゲルは、パルメニデスをして哲学の始まりであるとした。哲学の始まりであるということと、「万物は一にして不動」とは、一体いかなる関係があるのであろうか。結論から述べるならば、万物を一として規定することができたパルメニデスの実力は、（学問の）体系化への道の最も原初的な段階なのである。それは、対象とする世界のありとあらゆるものを一つに括る、すなわち一つに束ねることから始まるのである。

パルメニデスが「一」とまとめあげた世界を、その後プラトンやアリストテレスが受け継ぎながら、やがてはプロクロスの「一者」という概念となり、そこから中世においてはトマス・アクィナスに代表されるようなキリスト教神学の形成を経て、やがてはヘーゲルの「絶対精神」にまで発展していくのである。このように、やがて哲学の実体をなすものとして生成していくような、体系化へと発展していく認識の萌芽が、人間の学問の歴史において、このパルメニデスの時代になされたということなのである。すなわち、「すべては一にして不動である」というパルメニデスの文言に、この極めて微かではあるが、その芽生えが表れていることを、我々は確実に見てとらなければならないであろう。

第六節　パルメニデスの実力養成の過程とは（プラトン『法律』より）

ところでパルメニデスは、なぜそのような実力（すなわち、やがては後世に学問的な体系的認識へと発展していくところの、その芽生えのような認識的能力）を育むことが可能となったのであろうか。

エレアを含むマグナ・グラエキアは、オリエントから見てギリシャ本土を越えた西方に位置している。南にはカルタゴ、北にはエトルリアやローマが存在する。カルタゴはシケリアや北アフリカに勢力を張っており、エトルリアはオリエント出自とも言われる民族で、イタリア北部で高度な文明を築いていた。ローマは当時はいまだ弱小国であったが、やがてマグナ・グラエキアも手中に収め、地中海世界の覇者となっていく。西方へ亡命したギリシャ貴族は、これら諸民族と対峙しつつ国づくりを進めていったのである。

エレア派を語る時、この点は従来まったくと言ってよいほどに着目されていなかったが、パルメニデス、ゼノンを論じる際には、この地理的・時代的状況の新たな見直しは極めて重要な視点となるということを強調しておきたい。かつてはオリエントへの強い従属下で、その文化遺産を摂取し自らの実力としてきたギリシャ人は、今度はオリエントの隷属から離れてまったく新たな土地で、大国の属国としてではなく、まさに自立した実存形態としての国家をつくらなければならなくなったということである。ギリシャは周辺国と対峙しつつ、自分達の国を自身の力で統括する実力をつけていくことになったのである。

パルメニデスは、そのような時代に生きた人間であり、さらに彼は国の統括者としての地位にあった。パルメニデスの実力の形成過程を考える上では、この時代性・社会状況と彼の社会的立場とを統合して考えることが極めて重要である。ただ、パルメニデスに関する直接の資料は残念ながらほとんど残されてはおらず、彼のわずかな詩文の断片等からその具体的な実力養成の過程を窺うことは難しい。この点で、世界の哲学界では現在に至るまでパルメニデス研究は非常に困難を極めてきた。

しかしながら、我々は次の史料を媒介的に見ることによって、パルメニデスの実力の形成過程をおよそ推察することが可能となる。その史料とは何かと言えば、プラトン『法律』である。『法律』は、パルメニデスの死後およそ百年あまり後に書かれたものと推定されるが、プラトンもパルメニデスも、一国の命運を背負って生きた指導者であるという点で共通しており、我々はこのプラトンの説く内容を媒介にして歴史を逆に遡り、パルメニデスの認識のレベルを推察することができるのである。

『法律』の中身は、国づくりはどうあるべきか、国制はどうあるべきか、何を目的として立法すべきか、さらに役職の選定について、国土防衛について、次世代の立法者養成について、結婚について、子供の養育・教育について、農産物の収穫・配分について、犯罪と刑罰について、法廷の在り方について、奴隷の扱い方について、外交について……と、当時の社会の中で必要な諸々の法律を創っていく対話編になっている。パルメニデスはプラトンより前の時代に位置するものの、一国の指導者として、まさに本対話編に書かれたことと論理的には同様のことを現実に行っていたと言ってよい。プラトンは、ポリスに必要な諸々の法律について述べていった後で、最終巻において次のように語る。

――我々にとっての法律はすべて、常に一つのものへと向かうものでなければならない。……

それ〔その一つのもの〕は、徳と呼ぶのが至当である。……（*Leges*, 963a）

それぞれの事柄について、国の頂点に立つ立法者にして守護者である者は、単に諸々の多くの事柄の方を見ることができるだけではなく、一つのものを知るよう努めねばならず、その一つのものを知った上で、すべてのものを全体として見渡しながら、その一つのものへと〔繋がるように〕、秩序づけていかなければならないのではないか。（*Leges*, 965b）

ここでプラトンが語っているのは、国（ポリス）の統治者として、国を一つにまとめるとはどういうことか、ということである。国を一つにまとめられる実力を立法者は持たなければならず、それはプラトンの言葉で言えば、徳であるとか知性である、などと言われる。逆に、かつて統括者である王や指導者が然るべき知性を持たなかった国々は、一つのまとまった国として存続できずに崩壊していったことも語られる。プラトンは、それまでに多くの国々が滅亡していった厳しい現実を痛切に感じとり、自分達のポリスであるアテネがそれらと同じ轍を踏まぬためにも、国の統括者たる者は種々の多くのものを一つのものとしてまとめ、一つのものとして認識する実力が必要であると説くのである。

このようなプラトンの文言から、改めてパルメニデスの「諸断片」を振り返ると、そこには一国の指導者として必須となる統治力ともいうべき認識の原基形態が創られてきていることを、見てとることができるであろう。すべてを多なるもの、移ろいゆくものとしていてよいのであろうか？　それでは国の指針もその時々の為政者の考えによって揺らぎ、エレアは周辺の他国に瞬く間に潰されてしまうであろう。すべてを移ろいゆくままにしてはならない、これはヘラクレイトスへの強烈なるアンチテーゼとして捉えることができる。いかなる状況の変化にあっても揺らぐことのない一つの指針を示せなければならない。それがパルメニデスの求めた一なるものである。

一国の指導者たる者は、国の存続に自らの人生を賭して国を一つにまとめあげなければならない、国を生かし続ける＝存続させる、その一つの目的へとすべてのことを収斂させなければならない。ここに「万物は一にして不動である」というパルメニデスの規定の要諦があるのである。

次節ではパルメニデスの高弟ゼノンを取りあげ、両者が哲学史において果たした役割について論じていくことにしよう。

第七節　ゼノンのパラドクスの出てくる所以とその意味するもの

パルメニデスが説いた、すべては一に収斂するのであって、その一にして不変不動のものとは、(今の我々で言えば)論理の世界のことであり、その世界こそが真なるものである。この説は当時の大半の人々には理解できないものであり、多くの政敵から非難されることにもなった。だが、ゼノンはこの師の説を擁護するために自らの政治生命を賭したと思われる。ゼノンについては次のような言い伝えが残されている。

彼〔ゼノン〕は哲学においても国政においても実に高邁な人物であった。事実、彼の書物は賢識に満ちている。またヘラクレイデスが『サテュロス綱要』で述べているところによれば、僭主のネアルコス(別の人によればディオメドン)を打倒しようとしたが、捕縛されたという。そして同志のことや彼がリパラへ運搬した武器のことを尋問されると、僭主の一味に全員の名を告げた。僭主を孤立した立場に追い込もうとしたのである。そうして、ある者について話すことがあるからと彼に(言って)、耳元に近づき、それに噛みつくと、刺し殺されるまで離そうとしなかった。僭主殺しのアリストゲイトンと同じ最期を遂げたのである。

……

ゼノンは他の面でも立派な人物であったが、特筆すべきは、ヘラクレイトスに匹敵するほどに、強大な権勢を見下すことができたことである。というのも、彼の祖国はフォカイア人の植民市で、かつてはヒュエレと称し後にエレアとなったところであるが、ゼノンはこの小さいとは言えもっぱら立派な人材を育成する術を心得た自国を、アテネ人が自慢する彼らの国以上に愛し、決して彼らのところへ移住せず、かの地で生涯を送ったのである。

(DL, 9. 5)

こうした逸話から示唆されることは、当時の議論というものは決して今の哲学研究者が考えがちな、観念の世界の抽象論ではなく、まさに自らの政治生命を賭した闘い、闘争だったのである。このような時代性をしっかりとふまえつつ、我々はゼノンの議論を見ていかなければならない。

ゼノンは、すべては一であり不変不動であるとの師の説を擁護するために、多を否定して運動を否定した。多を否定する議論はプラトン『パルメニデス』やシンプリキオス『アリストテレス「自然学」注解』の中に伝えられており、また運動否定の議論（いわゆるゼノンのパラドクス）はアリストテレス『自然学』において記されている。そしてそれら両者の議論をヘーゲルが取りあげている。

多なるものや、運動・変化を否定するということの意味は、現実の世界の問題としてではなく、あくまでも論理の世界においてはそれはあり得ないということを示そうとしたのである。論理的に存在するのは一なるものであり、現実のいろいろなもの（多）はその一から出てくるものであるし、そうでなければならないのだ、と説いたのである。

そして多なるものが思惟において（つまり論理的には）あり得ないということを示そうとして、敢えて、現実的には誰が見ても明らかに動いていくものを典型例として取りあげ、これほど明らかに動いているものであっても、それでも思惟においては（理屈で考えていくと、つまり論理の世界では）止まっているであろう、ということを示そうとしたのである。

もっともゼノンはいきなりあの四つのパラドクスなるものを提示できたわけではないであろう。

我々は、ここで師パルメニデスの説を論敵に対して幾度も擁護していくということの意味を、じっくりと考えてみるべきである。パルメニデスの説（すべては一つで不動、すべては一に収斂する）のみをいくら繰り返していても、論敵は、そのようなことを言ってもこれほど多くのものがあるではないか、これほど動いて変化しているものがあるではないか、といろいろな事実を出して反論してくる。したがって、単に師の説を繰り返し唱えていても、まったく反論にはならないのである。そこで論敵の説いていることの中身に、倒せることはないかとよくよく探っていくことになる。そうした中でやがて出てくるのが、あのゼノンのパラドクスと称される一連の議論（アキレウスの如き最も速い者でも最も遅い者に追いつけない、飛んでいる矢は止まっている、等々）なのである。

速い者（アキレウス）は最も遅い者に追いつく、矢は飛んでいる、等々の、誰が見ても運動・変化していることが明らかであるような場合であっても、敢えてそうした例を持ってこられても、それをも否定してみせなければならない、となっていく。それらのものの現象的な把握としては確かに動いているのだが、そこに留まらずに、その現象をしかと見つめつつもその中身に入り込んでいくことが次第次第に可能なようになっていくのである。

すなわち、物が動いていくとはいかなることなのか、ということを徹底的にその〝意味〟を問うような頭脳へと変化していくのである。動くということを、単にある場所から次の場所へ移るというような通常の把握ではなくて、そもそも次の地点へ行くとは一体いかなることなのか、そこを（相手に反論するためには）ゼノンは否応なしに考えざるを得なくなっていったのである。

ヘーゲルはゼノンについて次のように言う。

特に注目すべきは、ゼノンには次のような高い意識が見出されることである。すなわち、一つの規定は否定される。しかしこの否定そのものはまた一つの規定である。そこで次に絶対的な否定においては、一方の規定のみならず、両方の相対立する規定が否定されねばならないということである。……

この考察においては、対象が相対立する規定を含み、それゆえに自己を止揚するものであることが、対象そのものによって示される。我々はこの弁証法をとりわけこの古代人の中に見出すのである。外面的根拠から推論する主観的弁証法は、「正しいものの中にもまた不正なものがあり、誤謬の中にもまた真がある」ということを認める限りにおいて正当である。真の弁証法は、その対象のいかなる面をも残さない。したがって、一つの面から見れば欠点があるということのみならず、そこでは対象の全本性に亘ってそれが解消されるのである。この弁証法の結果はゼロであり否定的なものである。肯定的なものはその中にはまだ現れてこない。エレア派がなしたものは、こういう真の弁証法に属し得るものであった。しかし彼らが把握したものの規定や本質は、まだそこまでは行っていなかった。そこでは彼らはあくまでも対象が矛盾によって空なものとなるというところに留まっていたのである。

（*VGP*, I, 300, 303-304）

ここでヘーゲルのいわんとしていることは、ゼノンの頭脳は運動の現象から構造に入っているのではあるが、その全構造までは見てとることができずにおり、構造のある面にのみ着目したところで留まっているということである。本来運動というものは、構造レベルで説けば、そこに有ると共にない、ということであるが、ゼノンはその構造の一端を人類史上初めて示すことができたということであり、だからこそヘーゲルはゼノンに弁証法への始まりを見てとり、学問的に高く評価しているのである。

第三章　古代ギリシャにおける対話の始まりとその実態

本章では、ギリシャ哲学を生み出したポリス社会とはいかなるものであったか、そしてその中でどのような対話が始まっていったのかを、原典史料に基づいて論じていく。

第一節　ギリシャ哲学を生み出したポリス社会とは

古代ギリシャは、当初オリエントの先進諸国の文化に大きく学んで、というよりはむしろ育まれるような形で成長していった、と言った方がより正確であると思われる。

このオリエントの社会は、その最高の発展形態としては、いわゆる一君万民の専制国家として成長した。すなわち、絶対的な権力を持つ王が広大な国土を領し、属州を従えて万民を支配するという在り方である。これに対して、ギリシャの社会はオリエントに学び、その文化を深く受け継ぎつつも、結果的には、そのオリエントとは質的に大きく異なった社会形態として発展をしていくことになったのである。

ギリシャの地は、険しい山々によって各地域が隔てられていた。このような自然的条件にも大きく規定されて、当時の交通関係ではギリシャ全体が一つの国家というレベルにまでまとまることはほとんど不可能に近く、各部族がそれぞれの地域ごとに、族長を中心として集まって共同体を形成し生活していた。そしてこれらの共同体は、当初はオリエント的要素を取り入れた王制であった(例えばミュケナイの諸王国のように)。しかしやがてギリシャでは、地中海沿岸一帯に亘る植民活動(軍事的・商業的活動)の拡大に伴い、旧来の王侯貴族とは別の、商人や船乗り、職人層が次第に富を蓄え、力を持つようになってきた。それに伴う形で結果的には、相対的に王侯貴族の権力が徐々にではあるが弱まっていくことになる。

このような社会的変化の中でギリシャの各地域では、旧来の支配層であった王侯貴族と、富を蓄えた新興階級との社会的な格差が次第に狭まっていった。そのうちに財力・武力を増してきた新興市民の意向も、ある程度は国政に取り入れなければならないようになってきた。

貴族と市民との格差が小さくなっていったことの現れとして一例を挙げれば、ソクラテスは彫刻家、つまり職人の息子であったが、彼は同業者である職人のみならず、軍人や政治家などといった上層部の人間とも広い交流関係を持っていたことが、プラトンやその他の著作から窺える。ただそうは言っても、依然として従来の貴族階級の権力には大なるものがあり、新興市民も含めてのいわゆる民主制というのは、新興市民を旧権力の下に従わせるための妥協的な在り方にすぎないものであった。時の権力者らの不興を買ったかのソクラテスは、結果として処刑されることになったことからも分かるように、当時は本質的には貴族制であったと言ってよい。

ギリシャで誕生したフィロソフィアというものは、このような貴族や上層市民が議論を闘わせることによって国政を行うというポリスの在り方に規定されていることを、我々はしっかりと念頭に置いておかなければならない。ポリスとは、元来オリエント的な王制の流れを持ちつつも、旧来の貴族の支配下で、軍事と商業(当時は両者は一体的であった)によって力を得た上層市民を統括しつつ形成されていった戦士共同体である。したがって、各ポリスには必ずアクロポリス(城砦)すなわち要塞が置かれ、戦時には避難所として用いられた。また各ポリスには政治を行う役所や、ギュムナシオン(γυμνάσιον 体育訓練場)が必ず設けられていた。

ギリシャではどのポリスにあっても、市民は軍人として十分に体を鍛えておくことが厳しく義務づけられていたのである。アテネの場合は市内に三つのギュムナシオンがあったことが知られている。アカデメイア、リュケイオン、キュノサルゲスである。

ここで読者諸氏に、当時のギリシャ世界の在り方についての生き生きとした像を描いてもらうために、貴族ないし上層市民の生活についてごく簡単に述べておこう。

彼らは大抵は夜明けと共に起きて、午前中は民会や裁判所に出かけていって政務に従事した。そして午後はギュムナシオンに集い、軍事訓練に励んだのである。

青年達は、プロの体育教師からあらゆる種目の訓練を受けた。パンクラティオン(ボクシングとレスリングを合わせたような激しい格闘技)、槍投げ、駆け足、幅跳び、円盤投げ、乗馬、そして重装備をしての戦闘訓練……等々である。また海運の盛んな諸ポリスでは、水泳の訓練が常識であったことは言うまでもない。古代ギリシャの哲学を考える上で極めて重要なことは、プラトンの学園アカデメイアにしても、アリストテレスのリュケイオンにしても、元来それらが創建された場所は、アテネ市民の集うギュムナシオンであったということである。

　そのような市民が集まる場所を、プラトンやアリストテレスは学問の場としたのであった。古代ギリシャにおいて、文武両道は常識以前の常識であったのである。

　市民は、民会や裁判所といった直接の政治の場に限らず、市場やギュムナシオンでも日々の様々な問題について語り合うのが常であった。とりわけギュムナシオンは成年男子市民の社交の場であり、単なる軍事訓練のみならず、諸々の情報交換もなされ、市民の教育や政治談議に欠かせない重要な場であった。では具体的に、彼らは普段どのようなことを議論していたのだろうか。

第二節　古代ギリシャにおける対話とはいかなるものであったか

古代ギリシャ人の対話のありさまが窺える史料の一つに、クセノフォン『ソクラテスの思い出』がある。もっとも『ソクラテスの思い出』という日本語で知られているこの書の原題は、ἀπομνημονεύματα すなわち『回想録』である。クセノフォンはアテネの裕福な軍人であり、青年時代にソクラテスの弟子となった人物である。

　この書でクセノフォンは、ソクラテスと様々な人との対話を書き残してくれている。ここに描かれたソクラテスは、皆の世話焼きであり、困っている人からいろいろと相談事をもちかけられたり、あるいは自分から周囲の人に話しかけてアドバイスしたりしている。

ただ、このような文献を読む際に注意しなければならないのは、ここに書かれてあることが必ずしも当時の対話そのままではないということである。その理由は二重の意味においてである。一つは、現在残っている古典文献は写本を通して伝わったものであるために、古代ギリシャ人のそのままの言語表現ではなく、後世の人間の認識によって創り変えられている面も相当にあるということである。もう一つの理由は、著者がどういう状況の下で同書を書き記したのかということに関わる。どういうことかと言えば、クセノフォンにとってソクラテスは自分の師であり、とりわけ戦場で命を助けられた恩人であった。それだけに、クセノフォンはソクラテスを相当に美化して立派に書いているところもあるだろうということである。

我々はそのような点を考慮しつつ、同書を読み進めていかなければならない。本章では、既存の日本語訳に囚われることなく、ギリシャ語原典に即しつつも、当時の状況になるべく近づけて、その対話の様子を生き生きと浮かびあがらせられるように訳して紹介してみたい。クセノフォンは、例えば次のような対話を書き残している。

（1）ソクラテスとニコマキデスとの対話（クセノフォン『回想録』より）

ある時、ニコマキデスという人が将軍職の選挙に出馬したのだが落選してしまった（将軍〔ストラテーゴス〕は、アテネでは毎年、各部族から一人ずつ計十人選ばれ、軍事を司り、必要に応じて司令官として出征する役職であった)。ニコマキデスは、なぜ自分が落選したのかが納得できずにソクラテスに不満をぶつけてくる。ニコマキデスは次のように言う。

「私は軍人名簿に載って以来このかた、中隊長もやってきたし、部族歩兵隊長も務めてきて、幾多の戦場でこれほどの傷を受けてきたのだぞ(と得意満面の様子で上着を脱ぎ、体の傷跡を見せる)。ところが、皆はアンティステネスを将軍に選んだのだ。しかし彼は一度も重装歩兵で戦ったこともないし、騎兵で何か凄い活躍をしたわけでもない。彼は(商人として)ただ金を儲けること以外には何も知らないのだ。」

するとソクラテスは、「金を儲けて、それで兵士に必要な物を供給してくれるなら、これは良いことではないか」と答える。

しかしニコマキデスは、「商人は確かに金儲けはできるが、だからといって、軍隊を率いていけるわけではない」と反論する。

するとソクラテスは次のように言う。「しかし、アンティステネスは闘争心の強い男だ。これは将軍になるには必要だろう。君は知らないのか。彼はコレーゴス(祭礼での演劇上演の費用を負担する者。富裕市民の中から選ばれた。祭礼ではいくつかの悲劇や喜劇が上演され、それらの勝敗が決せられた)を引き受ける度に(財力に物を言わせてつくった)彼のコロス(合唱舞踏隊)は、必ず他のどんなコロスにも勝ってきたことを。……アンティステネス自身はコロスを教えたことがなくても、それがうまくできる人間を見つけられるのだ。……だからおそらく軍事に最も秀でた者を、コロスの時と同じように見つけて選び出せれば、彼は戦に勝てるだろう。彼はコロスのために自分の一族と共に出費した以上に、ポリス全体と共に戦に勝利せんがために出費を惜しまないだろう。……私が言っているのは、何の指導者になるにしても、それに必要なものを知り、それを手に入れられるのならば、コロスでも家(ここでは一個人の家庭ではなく、自分の一族を含めた広い意味での家のこと)でも、ポリスでも、軍隊を指揮するにしても、良い指導者になれるだろうということだ」。

こう言われてもニコマキデスには一向に納得しがたい。祭りのコレーゴスになるのと軍隊を率いるのとはまったく別物だろう、ソクラテスは何をふざけたことを言っているのだ、それに何だってアンティステネスの肩ばかり持つのか……と腹を立ててしまう。それに、家長として必要な能力と将軍として必要な能力とは、どう考えても別々のものに思えてしまい、「しかし、戦争をする時に家政なんて何の役に立つのだ」と反論する。

するとソクラテスは、「いや、まさしく家政こそは最も役に立つのだ。家政に長けた男を侮ってはいかん。なぜなら、一家(自分の一族)を養う仕事と公の職務とは、ただ仕事の多さが違うだけで、他の点ではとても似ていて云々」と答えていく。

（2）ソクラテスとペリクレスの息子との対話（クセノフォン『回想録』より）

あるいは、クセノフォンが伝えていることとして次のような話もある。ペリクレスの息子で（父親と同名の）ペリクレスが将軍職に就いた折のことである（ここでは紛らわしいので、息子のペリクレスを小ペリクレスと呼ぶことにしよう）。小ペリクレスは、自分も父親と同じように立派な指導者になりたいのだが、こんな腐敗したアテネをどうやって治めていけばいいのだろうか、自分にできるのだろうかと不安に思っており、それをソクラテスに聞いてくる。

ソクラテスは、「我々の祖先の偉業は数多く、アテネ人を超える者は他にはいないのだ。そうした偉業に励まされて、我々は徳を身につけて、勇敢になるのだ」と答える。

しかし小ペリクレスは、ここ最近ボイオティアとの戦いでのアテネ軍の敗北が続いており、アテネがボイオティアに略奪されはしないかという不安を訴える。

それに対してソクラテスは、「こういう恐怖の状態にあるからこそ、我々のポリスは指導者にとって好ましい状態になっているのだ」と答える。

すると小ペリクレスは、「しかし、どうすれば皆をかつてのアテネ人のように、指導者に従わせられるのですか、どうしたら昔の徳を取り戻せるのですか」と尋ねる。

すると、ソクラテスはまた祖先の武勲を延々と語った上で、「日々の営みを祖先と同じようにすることだ」と答える。

しかしながらそんなことを言われても、小ペリクレスは一向に不安が拭いきれずに、半ばうんざりした様子で次のように言う。

「それでは、我々のポリスが本当に立派になるのは程遠いわけですね。一体いつになったら、アテネ人はラケダイモン(スパルタ)人のように、目上の者を敬うようになるのでしょう。今のアテネ人は、自分の父親ばかりか年配の人達を馬鹿にしきっていますからね。それに、いつになったら体を鍛えるようになるのでしょう。彼らは鍛錬を怠けてばかりですし、訓練に専念している人達をあざ笑っているのですから。彼らはいつになったら指導者に従うようになるのか……。」

するとソクラテスは、「アテネはそんな取り返しがつかなくなっているわけではない。現に海軍は規律正しくやっているし、体育訓練を受けている者も、指導者の言うことを聞いているし……」と言ってきかせるのであるが、それでも小ペリクレスは、

「しかし重装歩兵と騎兵は、優れて立派な人として市民の中から選ばれたはずなのに、全然、指導者に従っていないではないですか……」と別の事実を挙げて切り返してくる。こうして延々と対話が続いていくのである。

ここに取りあげたクセノフォンが伝える二つの対話を読んで、読者諸氏はどのように感じたであろうか。古代ギリシャで行われていたのは、このようにポリスの日常の具体的な問題に関わっての話し合いであって、何か日常の事実とかけ離れた、特別に高尚で抽象的な学問的議論のようなものがなされていたわけでは決してない。ギリシャ哲学の誕生は、元来市民＝戦士で構成されるポリスの在り方に規定された、その中での日常生活における事実以外のところからは出てきよ

うがなかったのである。

なぜならば、人間の認識は外界を問いかけ的に反映しながら創られるものであり、この当時のギリシャ人にとっての外界とは、ポリス社会とそれに敵対する外国以外のものではあり得なかった。したがって、彼らの創りあげた学問というものも、ポリス社会の安寧に関わっての諸々の事実を問いかけ的に反映しつつ、描かれた像を発展させていったものなのである。

さて、先に取りあげた二つの対話を読んでいくと、それらに共通する点としてあることが見てとれる。それは何かと言えば、一見、彼らは対話をしているように見えながら、そのやりとりの過程を追っていくと、互いの言いたいことがそれぞれの相手に分かっておらず、結果としてその対話の流れがほとんどかみ合っていない!!　ということである。

例えば、最初に挙げたニコマキデスとソクラテスとの対話では、ニコマキデスは、軍隊の長は軍隊の長であり、いくらコレーゴスとか家長がうまく務まったところで、戦争のことを実際に知らなければ決して将軍にはなれない、戦争とその他のこと(家政など)では、事実として行うことが違うのだから……という一点張りである。

それに対してソクラテスは、家政と戦争には似ている点があるのだから、家政ができる者は将軍職も務まるはずだと、自分の意見を述べて何とかして相手を説得しようとするのだが、相手が納得できるだけの説明をすることができない。

なぜならば、ソクラテスはまず、相手が自分の言っていることの一体どこが理解できないのかが分からないからである。ニコマキデスのように戦争で活躍していても、それだけではなぜ将軍になれないのか、ということにも全然答えていない。そしてまた、自分の言いたいことも思うようには表現できないのだが、とにかく一生懸命に自分の言いたいことは押し通そうとしている。

また、次の小ペリクレスとソクラテスの対話でも、互いの会話がかみ合っていないことが分かる。小ペリクレスは、とにかく皆はどうしたら自分の言うことに従ってくれるようになるのか、と思っており、そのためにはどうすればよいのかをソクラテスに聞いている。

しかし小ペリクレスから見ると、ソクラテスは昔のアテネはこういうことが凄かった、ああいうことが凄かった、ということを延々と話しているばかりであり、埒《ラチ》が明かない。それは確かにそうなのだろうが、そういう昔のような統制の取れた状態になれるためには、具体的にどうすればよいのかについてはソクラテスはまったく答えてくれていない。小ペリクレスは目先のことに必死で、今のこの状況を打開すべく何とかしなければ……、と焦ってばかりである。しかし、ソクラテスは小ペリクレスが望むような答をなかなか出してくれないのである。他方でソクラテス自身は、ペリクレスの疑問や不安に答えようとしてソクラテスなりには一生懸命考えて答えているのだが、それがうまく答えられずに、小ペリクレスにはなかなか通じないのである。

さらに面白いことに、これらクセノフォンが紹介している対話を読んでいると、どの対話も最後は、ソクラテスが自分の意見を述べたところで終わっており、それについて相手がどう反応したのかがまったく書かれていないのである。ということはつまり、相手は「分かりました。ソクラテス。おっしゃる通りですね」と最後には納得したのか、あるいは、「そんなこと言っても、あなたの言われることなんか納得できません」と反発したのか、これだけでは何とも分からないのである。先述したように、クセノフォンは全体としてソクラテスを美化している節《フシ》もあるため、もしこれをそのまま読むと、何かあたかもソクラテスは最後に立派な結論を述べて、相手を納得させるに至ったのではないか、とも思えてしまう。だが本当にそうなのであろうか。

ソクラテスの対話については、クセノフォンとは別に、次の言い伝えも残っている。

ところがそのような探究の際に、彼〔ソクラテス〕はますます強引に対話をしていったので、彼は人々から拳骨で殴られたり、髪の毛を引っ張られたりすることもしばしばであり、大抵は馬鹿にされて笑われていたのである。だがそれでも、ソクラテスはこれらすべてのことにじっと我慢して耐えていた。そういうわけで、彼は人から蹴飛ばされた時にも我慢していたので、ある人が驚きあきれていたら、ソクラテスはこう言ったのである。「だがもしロバが僕を蹴ったのなら、僕はロバを相手に訴訟を起こしただろうか」と。　(DL. 2. 5)

こうして、ソクラテスはほとんどの人からまともに相手にされず、さんざんけなされて馬鹿にされながらも、ますます負けん気を起こしながら、いろいろな人に話しかけては対話をしていったという。このような逸話からも、ソクラテスは、相手を説得できるような実力、筋道を通して説得できる実力には程遠いレベルであったことは推測できるであろう。

この点についていては、人類の認識の発展過程をふまえて考えることがとても重要である。どういうことかというと、古代ギリシャでは、対話をしようとしても対話にならない、頭の中の像を表現しようとしてもなかなか正確に表現できない、表現してみてもそれを相手はなかなか理解できない、そういう非常に幼いレベルであったということなのである。古代ギリシャにおいて、どのような過程を経て対話が誕生し、それがやがて学問に必須のディアレクティケー(哲学的修練法)として発展していったのかについていては、次章以降で詳しく説いていく。

ソクラテスの頃の対話は概ね以上のような状態であったが、それでも何とか相手と会話することが必要であった。なぜなら、当時は現代とは異なり、いわゆる書物というものはほとんどない。またそれがあるとしても言語表現がまだ幼く、ましてやそれを文章化することは大変に難しい時代であったがゆえに、せいぜい覚え書き的なもの、断片的なものでしかなかったのである。

それが証拠に、現在、ソクラテス以前の哲学者の言葉はすべて「断片集」という形でしか残っていない。ここでいう「断片集」とは、後世の人々、つまりソクラテス以降の人々が書き残した著作の中で、ソクラテス以前の哲学者の言葉として書いている部分を寄せ集めたものを指す。これらの断片の内容を見ても、まだ文章にもなっていないような、何を言いたいのかよく分からないような、極めて幼い表現でしかないことが実によく分かるのである。

書物とは言っても、短い言葉の羅列、すなわちせいぜい断片的なレベルのものしかなかったのであるから、古代ギリシャでは、対話をすることによって相手の認識との交流＝相互浸透を図ることすらがいまだし！　であり、対象を究明し、その真実に迫ることなどソクラテスまでは不可能だったのだ、と言ってよいのである。

したがって、古代ギリシャ語を学ぶ場合に意識すべきことは、当時は、頭の中の像を言語表現することがまだまだ困難な時代であったということである。対象を言語化しようとしても、その対象についての言葉が極めて少ない時代であり、対話をする中で、次第次第に、その対象を相手にも通じるようなものとして言語表現できるようになる、つまり言葉もまだわずかしか創られてはいなかったのである。ソクラテスからプラトンの時代までの古代ギリシャ語とは、そういう意味で現代の私達から見れば、極めて未熟な、舌足らずの言語表現であったのだということを念頭に置きつつ、論理レベルでギリシャ語原典は読んでいかなければならないのである。

（3）ソクラテスとエウテュフロンとの対話（プラトン『エウテュフロン』より）

頭の中の像を言語化することがいかに困難であったかが窺えるものとして、次は、プラトンが三十代半ばから後半頃に書いたと推定される、初期対話編の一つ『エウテュフロン』を取りあげて、その対話の在り方を見てみることにしよう。この対話編では、ソクラテスとエウテュフロンという若者との対話が展開されている。どういう話かと言えば、エウテュフロンが実の父親を殺人罪で起訴しようとするところから始まる。そのいきさつは以下のようであった。

エウテュフロンの家の使用人が、酔っ払って奴隷の一人を殺してしまったのが事の起こりである。エウテュフロンの父親は、その使用人を懲らしめるために、手足を縛って溝の中に放りこんでおき、これからどう処罰するかを人に相談しに出かけていった。すると、その間に使用人は死んでしまったということである。エウテュフロンは、家族からも、実の父親を訴えるなんてとんでもない不敬虔な息子だ、と言われている。それに父親は何も使用人を殺そうとしていたわけではないし、使用人だって奴隷を殺した人間なのだから、というわけである。

しかしエウテュフロンとしては、親であろうがなかろうが、殺人罪であることに変わりはないから訴えるのだ、自分は不敬虔どころか、犯罪者を訴えるのだから逆に敬虔なのだ、と我を張っている。ソクラテスもエウテュフロンの態度に驚いて、では敬虔とはどういうことなのか、不敬虔とはどういうことなのかを一緒に考えてみよう、ということでエウテュフロンと対話し始める。その対話の内容をごく簡単に紹介しよう。

エウテュフロンは、「敬虔とは、まさに自分が今やろうとしていることだ、身内であろうがなかろうが、犯罪者を訴えることなのだ」と答える。しかしソクラテスは、それは十分答えたことにはなっていない、と言う。「今、君が言ったことは、敬虔なことのうちの一つのことにすぎないのだ。おそらく君にとって敬虔なことは他にもたくさんあるだろうから、そういういろいろある敬虔なことのうちの一つ二つを言えというのではなく、すべての敬虔なことがまさに敬虔であるという、そういう敬虔というものの形を教えてほしい」。

するとエウテュフロンは、「神々に愛されることが敬虔なことなのだ」と答えるのであるが、ソクラテスは、「前よりはよく言えるようになったね。でもこれも敬虔なものが何であるかということ、僕の尋ねたことへの答にはなっていない」と言う。なぜかと言えば、神々がそれを愛するには、愛するだけの理由があるはずで、それは敬虔なものだから愛する、ということなのだろうが、でもその敬虔なものとは一体どういうことなのか？　とソクラテスは問うていく。

そうするとエウテュフロンは困ってしまって、次のように訴える。

「でもソクラテス、僕は自分の思っていることをあなたにどういうふうに言ったらいいのか分からないのです。〝こういうことだ〟と出してみても、その言った言葉は、僕達が置こうとしたところにじっとしていないで、ぐるぐる動き回ってしまうんですから。」

するとソクラテスは、「正しいものはすべて敬虔なものなのだろうか、それとも、敬虔なものはすべて正しいけれども、正しいものはすべてが敬虔なものであるわけではない、正しいものの一部には敬虔なものもあるけれども、一部にはまた別のものもあるのだろうか？」と尋ねる。

するとエウテュフロンはますます頭が混乱してしまい、「おっしゃることについていけません」とソクラテスに答える。

その後、エウテュフロンはしばらくソクラテスに導かれて対話していき、「敬虔なものとは、正しいものの一部であり、それも正しいもののうちの神々の世話に関わる部分のことだ」と答えるようになる。

　するとソクラテスは、「神々に対する世話とはどういうものなのだろう、〝世話〟とはどういうことなのか、それは、例えば人間が馬を世話するのと同じことなのだろうか？」と聞き返す。

　ここからエウテュフロンは、そうでもあるようなないような気持ちになり、またしばらくソクラテスと対話を続けていくうちに、神々を世話するというのは、馬を世話するのとは違って、奴隷が主人をお世話するような意味での世話、つまりお仕えするということなのだ、ということが分かってくる。

　そうやって、二人はしばらく対話を続けていくのであるが、なかなか「敬虔とは何か」ということに行き着くことができずに、議論がぐるぐる回って、敬虔とは神々に愛されるもの、ということに戻ってしまう。

　そこでソクラテスが「では、もう一度最初から考えてみなければならないね。僕のことを軽蔑しないで、今度こそ本当のことを言ってくれ」と話しかける。だがエウテュフロンはもう嫌になってしまって、「僕、ちょっと用事がありますので……」と言ってソクラテスのところから逃げていってしまい、ソクラテスはとてもがっかりする、という、何とも……という話である。

　以上のプラトンが書いた対話は、対話編として現代にまで残っているものであることから、後世に写本に写本を重ねる過程で、当時プラトンがソクラテスとエウテュフロンとの対話として設定して描いたであろう対話の元の在り方よりは、相当以上にその形が整えられていって、現在に至ったものであると推定できる。しかもプラトンは、あくまでもポリスを導いていく指導者としての立場から、当時の社会で問題になっていることについて、それをどのように考えるべきかということ、すなわち物事の考え方を対話の形で示す必要性があったので、その観点から対話の在り方そのものを理想的な形に書いているという可能性もあるであろう。

いずれにせよ、当時の社会で実際に行われていた対話では、ここでエウテュフロン自身が言っているように、まず何よりも自分の言いたいことを自分が思っている通りに相手に伝えること、それ自体すら難しかった。ましてや相手が一体何を言っているのかという、相手の考えていることとそれ自体を、自分が相手の立場になりきって理解するということや、その相手の認識の細部に亘る部分まで理解することなどは、決してできなかったのではないであろうか。

したがって当時は、そもそも対話にもならないような会話が延々となされ、結果的に答が出ないままで互いが疲れ果てて終わってしまったり、それこそケンカ別れで終わってしまったりすることが、本当に数多くあったのではないか、と考える余地は大いにあると思われる。

以上、クセノフォン及びプラトンの著作から三つの対話を取りあげてきた。これらの対話を通して言えることとは、ソクラテスの時代においては、対話をする当事者が互いに自分の頭の中で思い描いていることそれ自体を、その通りに表現することができるというレベルからは程遠く、ましてや相手が一体何を考えているのかも、なかなか分からないといったレベルであるということである。古代ギリシャの世界で行われていた対話とは、現在残されているような整った形！としてあったわけでは決してない。自分の言いたいことすらままならず、さらにまた相手もそれと同じであることから、その意味では、ソクラテスにしても対話の相手に対して、ソクラテス自身が正しいと考えるような答を導いていくことすらできないレベルであったのである。

しかしそれでも！である。ギリシャ人は、対話にもなっていないようなレベルから、何とか対話ができるようになっていく過程を、徐々にではあるが辿っていくことになる。そういう対話の長い歴史を、嫌というほど積み重ねの上に積み重ねることで、それがフィロソフィアという言葉で表現されるような、あるレベルの認識として創られるようになっていったという事実を、我々は分からなければならないのである。

ところで、これが後に対話集という形として「できあがってしまうようになっていく」のはどういうことなのか。それはやはり、この対話しようにも対話にもならないような対話の時代があまりにも長く続くことになる結果、その対話の意義や重要性を経験的に学んでいる教師などが、大変な苦労をし続けていった苦い経験から、それを心底促した（＝必要性を強く訴えた）という面もあると思われる。しかしながら、一度対話集という形にできあがってしまうと、その形にはめられたものだけが対話ということになってしまい、結果としてその対話集で展開されていること以外には、扱うことができなくなってしまうという皮肉な結果にもなっていくのである。

第四章　ソクラテスの対話から視てとれる、ソクラテスの認識のレベルとは

前章では、古代ギリシャのポリス社会を紹介しながら、そこで行われていた対話がいかなるものだったかを説いた。端的に言えば、ソクラテスの頃は、まだ対話らしき対話もできない時期、自分の頭の中に描いている像も、また相手の像をも分かることがなかなかできがたく、互いの話がかみ合わない状況であった。本章ではソクラテスの対話からソクラテスの認識がどう変化していくのかの構造に分け入って論じていく。

第一節　従来の哲学界でのソクラテスの評価

まず初めに、従来ソクラテスは哲学史の中でどのように評価されてきたかを確認しておこう。ソクラテスについては、彼自身の著作がまったくない（書かれなかった、というよりまだ書くことができなかったと言った方が正確である）ことから、他の人々（プラトンやクセノフォン、アリストファネス、アリストテレス等々）によって記されたものを媒介として、そこからソクラテス像が様々に類推され、論じられてきた。ソクラテスの描き方はそれを伝えている人によって異なっ

ていることもあり、残されている史料からは、一つのソクラテス像を描くことは困難であるとも言われている。

しかしソクラテスの特徴については、それら史料をふまえつつ、概ね次のように伝えられている。すなわち、ソクラテス以前のギリシャの賢人は自然の研究に専念したが、ソクラテスに至ると自然よりも人間のこと、倫理的な事柄を考察するようになった。考察の対象が自然から人間へと転換点に位置しているのがソクラテスとみなされて、通常哲学史では、ソクラテス以前・以後という形で区切られている。そしてソクラテスは、「徳とは何か」とか「勇気とは何か」などと、主として倫理的な事柄について「〜とは何か」と問うた人である。アテネの街中で次々と人々に問答をしかけていって、自分自身はその話題となっているものについて無知であることを表明しつつ、相手に答えさせていく中で、その相手の出した答にさらに反問を投げかけていき、先の相手の答と矛盾するようなことをさらに相手に出させる方向へと巧みに問答を導いていき、相手を論駁(エレンコス)した人、帰納的な論法を取りつつ、普遍的な定義を求めた人、などと言われる。

そうした相手を窮地へ陥れていく問答に反感や敵意を抱く者も出てきて、ソクラテスに対しては、若者に対して良からぬことを教える者とか、国が認める神を信じない者などとして訴えられ、最終的に死罪となった。こうした点については、ソクラテスは自分の信念を貫く人、正しいと思うことを貫き通した人として、悲劇の英雄、聖人並みに扱われてもきた。

哲学史においては、そのような問答によって、やがて真理を導いていく、プラトンのいわゆるディアレクティケーへと発展するその端緒となったという意味で、重要な人物とみなされている。
そうしたソクラテスの評価は、一つにはアリストテレスの次の文言に依拠している。

　しかし、ソクラテスが倫理上の諸徳《アレータイ》について専念し、そしてこれら諸徳について、初めて普遍的な定義を求めることに努めた時には……。

　しかし、あの人〔ソクラテス〕が物事のなにであるかを問い求めたことには当然の理がある。というのは、彼は推理することを求めていたのであり、そして推理の出発点〔前提〕はまさにこの「なにであるか」にあるからである。けだし、弁証論は、その当時なおいまだ、物事のなにであるかを知らなくても、反対のものどもについて論じることができ、または果して同じ一つの学が同時に反対のものどもを対象とするか否かを議することができるほど、それほど強くはなっていなかったからである。だから、二つのことが、正当にソクラテスに帰せられよう、すなわち、帰納的な論法と普遍的な定義をすることとが。というのは、これらは両方とも認識〔または学〕の出発点だからであるが。……

　しかしその場合、ソクラテスは、その普遍的な諸概念あるいは諸定義を、離れて存するものとはしなかった。しかるに、あの人々は、それらを切り離した、そしてそのように離れて存するものどもをイデアと呼んだ。

（アリストテレス著、出 隆訳『形而上学』M巻第四章、岩波書店）

こうしたアリストテレスの原文そのものではなく、近現代語訳を媒介とした説明などに依拠しつつ、後世の人は、ソクラテスは問答で相手の説を巧みに論駁しつつ、「〜とは何か」と普遍的な定義を求めていったのだ、フィロソフィア（知を愛する）の出発点に立つのだとみなしてきた。ただしこの訳文における「普遍的な定義を求めることに努めた」などという訳語は、読者に大きな誤解を与えるものと言わなければならない。この原語 ὁρίζεσθαι καθόλου ζητοῦντος は、せいぜいのところ、ソクラテスは「（扱っている物事を）全体として括ろうとしていった」というレベルで訳すのが、この時代としては適切である。なぜならば、そもそも〝普遍的な定義〟という概念自体、まだこの時代の人間の認識では到達できていない、そうした論理的な像を明確には描きようもない時代だったからである。

　こうした時代性をふまえられていない不適切な訳文の問題もあって、ソクラテスについての説明を読んでみても、現代の読者にとってはよく分からないことが多いのではなかろうか。例えば次のような疑問が出てくるはずである。

　この頃に自然の探求から人間の探求（倫理的な事柄）へと考察の対象が移ったとあるが、それは一体どういうことなのか。またソクラテスはなぜ問答なることを始めたのか。ソクラテス以前までの流れは一体どうだったのか。そしてソクラテスは「〜とは何か」を求めたとあるが、実際にどういう対話を始めたのか。その時ソクラテスはどういう像を描いていたのか。また対話の相手はどういう像を描いていたのか。ソクラテスの問いによってそれがどうなっていったのか。

また逆にソクラテスの像は相手の答によってどうなっていったのか……（普遍的な定義云々とあるが、それは本当か）、フィロソフィアの出発等と一体どういう繋がりになってくるのか、等々である。

従来の哲学研究においては、こうした点については何ら十分には説かれてこなかった。ソクラテスの認識の中身については何ら説けないまま、ソクラテスを古代の重要な哲学者として祭りあげているのである。例えば、出　隆は次のように述べる。

　彼〔ソクラテス〕は自然的な事象をではなく人間的な事柄を問題とした。而も、同じく人間社会の事柄について人間を相手に語る点でも、更にまたその議論的な点でも、彼はソフィストたちに似ていた。ただその特に異なる点は、彼等ソフィストたちが人間や国家社会の事柄について該博な知識を所有し且つこれを誇りとして適宜に講演し著述していたのに反し、彼ソクラテスはそのように講演しも教授しも著述しもしないでただその最も重大と信じた事柄について自ら無知を告白しつつ相手にその「何であるか」を問うのみであったところに在る。すなわち彼は、人間の最も重んずべきものを一種の知識であり識見《フロネーシス》であり智恵《ソフィア》であるとしながら、而もこの智恵をあの智恵ありと自称するソフィストたちのするように教授し得るものとは考えず、のみならず自らはこの重大なる智恵を有しない者であり無知なる者であるが故に切にこれを愛求する者（愛智者《フィロソフォス》）であると称して、専らこの智恵を相手の一人一人について、その内なる心に、魂に、問い求めた。そして、まさにこのように彼がそれを教授し得ずとし自らもそれを知らずとしたところに、ソクラテスの求めた智恵の他と異なる点があった。

（出 隆著『ギリシアの哲学と政治』岩波書店。現代仮名遣い、常用漢字に改めた。）

出 隆はこのように述べ、さらに「だがこの点を明らかにするために、先ず何故にまた如何なる意味で彼が自らその無知を告白したかを考えてみよう」として次のように続ける。

勿論彼は普通の人々からは智恵ある者と思われていた人で、決して全く無知な人ではなかった。ただ彼は或る重大な事柄について切に自らの無知を感じていたものと思われる。……彼が学者や識者やその他一般に智恵ある者‘sophos’と言われる人々と異なるは、彼が、彼等の現に所有し或いは所有せりと自負するが如き知識や智恵を所有しようとも探求しようとも教授しようともしないで、ただ或る最も人間的な重大事についてその真に何であるかを知ろうと之を人々に問い求めた点に在り、……彼のみはそこに彼等の知れりとするような仕方では知れない重大性の存するを覚り、この重大事の重大性についての無知の自覚からその真理を、知識を、識見を、智恵をと切に愛求したところの愛知者‘philosophos’たりし点に在る。

（同書）

出　隆は、ソクラテスは皆が知っていると思い込んでいて実は知らない「或る重大な事柄」についての智恵を問い求めることを始めた人物である、と説いているのだが、それを繰り返し述べるばかりで、一体その「或る重大な事柄」が何を意味しているのか、その中身についてはまったく説けていないのである……。

結論から述べれば、ソクラテスの時点で探究の対象が単に自然から人間へと転換したというわけではない。古来、賢人達は国の統治のために必要なすべてを探究していたのであり、何かあたかも人間とは別の自然だけを研究していたのを、そこから人間の探究へ移ったということでは決してないのである。

あくまでも、その当時の国の統治に必要な限りでの自然の究明であり、そして人間社会、すなわちポリスがどうあるべきかの究明がなされていたのは、ソクラテス以前であろうが以後であろうが変わりはない。ただし、後世から見ればそれは自然の究明が主たるものであり、社会の究明とはいってもまだそれは大変幼いレベルのものであったということである。

そうした時代にあって、それら統治者たる賢人の〝考え〟に対して、〝教え〟に対して、これまでは絶対レベルで服従するのが当然の社会であったのが、そこに「え？　なぜだ」「なぜそうなるのか？」「そうではないはずだ……」と疑問を呈し始めたのがソクラテスであったのである。

そのような意味で、後世から見れば、自然から人間へと探究の主眼が移ったと言われてはきたが、しかし正確には、自然をも含めてすべて国の統治に必要なことに関わる考えそのものが、それで本当に正しいのか、……と問われ始めたのが、このソクラテスの時代であったということである。

　またソクラテスは、「～とは何か」と問うたと言われるが、ソクラテス自身は〝普遍的な定義〟などまったく分かってもいなかったのである。この点も従来の哲学研究では大きく誤解されてきたことであるが、そもそも「～とは何か」とソクラテスが目的意識的に問うたわけでもなければ、そうした一般的なレベルでの問いを当初から提起できたわけでもない。それはあくまでも相手に疑問を呈し、反問していく中から次第に出てきた問いであった。その対象についての論理的な像を最初から求めていたわけでも描けていたわけでも決してない。そして「～とは何か」と問うようになっていっても、それは事実とは異なる〝論理〟なのだということがまだはっきりとは分かっていない。分かる頭脳などまだこの時代にはなかったということである。

　ただソクラテスは、（当人が意識していたわけではないにせよ、後世から見れば）そうした論理らしきものを後々の時代の人類が徐々に分かっていくためのきっかけを創った人物であるということは確かである。それでは、一体どのような過程でそうした認識の変化が、あの時代に起こってきたのであろうか。これらの問題を検討するに当たっては、ソクラテスまでの時代の流れと当時の社会状況、そしてソクラテスの置かれた立場と、そこで彼が何をなしたのかの事実をまず確認することが必要である。

第二節　ソクラテスまでの時代とソクラテスの生涯

（1）ディモクラティア（いわゆる民主制）とは？

ソクラテスの生きた社会を知るために、少し歴史を遡ってみよう。古代ギリシャも古くは、オリエントと同様の王政であった（もっともオリエントの大国と比べれば、かなり小規模ではあるが）。それがやがて、王の補佐役を務めていた貴族が実質的な権力を担うようになる。そのうちに、海運や戦争等によって、貴族の支配下で働いていた民衆の内でも、一部の人間は軍事力、経済力をそれなりに蓄えるようになっていく。とりわけアテネはペルシャ戦争後、デロス同盟を結成して国力を充実させていった。

しかしながら、その後ペロポネソス戦争に敗北したアテネは、徐々に衰退への道を歩むことになる。すなわち、ソクラテスの生きた時代は、アテネの全盛期から衰退へと向かう時期であり、ギリシャ内部での争いが増えてきて、往時よりは貴族の勢力も衰えつつあった。社会が疲弊してくるにつれて、それら貴族の統治の仕方に不満を募らせ、従来ほどには容易には従わない者も増えつつあった時期である。

古代ギリシャ、とりわけアテネについてはよく、民主政発祥の地と言われる。成年男子市民全員による直接民主政が行われたということが、歴史の教科書にも書かれており、多くの人々は現代社会の民主制の大本はギリシャにあり、と思うであろう。

　しかしながら我々がしっかりと理解しておかなければならないことは、その民主制（ディモクラティア δημοκρατία）なるものの実態は今日考えられるようないわゆる民主制ではないということであり、有資格（身分格）有資産制（ティモクラティア τιμοκρατία）と表現した方がより適切である。すなわち、それなりの資産を有する限られた市民による政治制度ということである。しかしながらこれも資産階級すべてが関われるものではなく、本質的にはあくまでも上層市民（実質的に貴族）による統治であり、それは上層部が一部の（転落していった？）有産市民を従わせるためのやむを得ずの措置として置いた制度であるにすぎなかったのである。

　ここでその証拠を一つ挙げておこう。かの大哲学者アリストテレスは、様々な国制について述べているくだりで、決してこのディモクラティアについては評価していないことが、次の『ニコマコス倫理学』の記述からも分かるであろう。

> ポリテイア（国の在り方、国制）には三つの種類があり、またそれらの逸脱、すなわち衰退した在り方も同じ数だけある。ポリテイアの一つは王制であり、次に貴族制、第三に財産の程度（ティメーマタ）によるもの、これはティモクラティア（有資産者制）と呼ぶのがふさわしいように思われるが、大抵の人々はポリテイアと呼び習わしている。これらのうち最も優れているのが王制であり、最も劣った形態がティモクラティアである（χειρίστη δ᾽ ἡ

τιμοκρατία）。王制の逸脱したものが僭主制である。……王制からは僭主制に変化していく。というのも僭主制というのは単独支配の在り方が悪しき状態になっているもののことであり、王が悪しき（無能である）場合に僭主へと化していくからである。また貴族制からは、支配者が悪徳を持つようになると寡頭制へと〔変化していく〕。……またティモクラティアからはディモクラティアへ〔と変化する〕（ἐκ δὲ τιμοκρατίας εἰς δημοκρατίαν）。というのもこの両者は境を接しているからである。……かくして諸々のポリテイアはまさにこのように変転していくのである。

（*Ethica Nicomachea*, 1160a31-b21）

アリストテレスはこのように述べ、国が本来しっかりと統治される在り方としては、最も優れた形態は王制であるが、最も良くないものは有資産制（ティモクラティア）であると言い、さらにその有資産制の逸脱形態を民主制（ディモクラティア）と称しているのである。これはすなわち、アテネの衰退期、国の統治形態が相当に崩れていく時期の在り方を指しているのである。

またこのようなディモクラティアの状態が確かに一時期あったとはいえ、ここでは決して市民全員による政治を指しているわけではない。実際に大部分の下層民（農民）は郊外に住んでおり、彼らにとっては、家で奴隷と共に農作業に従事しなければとうてい生活が成り立つはずもなく、政治への参加など不可能であったし、また参加できる実力もなかったと言ってよい。

また街中に住める一部の有産市民が民会等に参加できるとは言っても、肝心の実権を握る重職

（将軍職など）はすべて、ごく一部の上層階級しか就任できないのが実態であった。

有産市民の意向を政治に反映させるというのは表向きの形であって、実質的にはそうした形態を取りつつ、貴族は有産市民の不満が暴発せぬように人心を掌握し、彼ら有産市民の持てる経済力などを適宜うまく利用しつつ、統括していたのである。

したがって、民がそれでも上層部の意に従わず、ポリスの存続を危うくするような場合には、処刑されることにもなった。ポリスの統治はあくまでも有資格者たる上層部の意志による民衆の支配であり、民衆によるそれではない。ソクラテスもそうして死刑になった者の一人であった。

（2）民の統治の術としての弁論の発達

民衆（ここでは裕福な資産階級となった者）もそれなりに経済力をつけ、戦闘能力もつけてくるようになると、貴族はこれまでのように元来の家柄の良さ、権威を示すことで民を従わせる、あるいは単に力づくで民を従わせるのは不可能となってくる。民の心、認識を一つにまとめて掌握する、民を統括するためにつくっていったのが、民会であり評議会などの場である。そしてそれらの場で民を説得させる術として創られ、発展していったのが、弁論術であった。

いわゆる〝市民〟一般が立身出世の術として学んだのが弁論術なのではなく、あくまでも民の統括のためという必要性から上流階級が創り出していったのが弁論術だったのである。例えば、ペリクレスの戦没者追悼演説は、演説的弁論の典型として有名であるが、それは人々の愛国心を高め、士気を鼓舞したといわれる。

弁論は、優れた国の指導者となるために身につけるべき能力の一つとして、貴族の間で重視されていった。弁論はあくまでも上層市民の修得すべきものであり、一般民衆のものではない。有力貴族の子弟に、他の諸々の教養と共に弁論の仕方を教育する動きも出てくる。

アテネでは国を挙げて諸国の賢人を国賓として招聘し、上層市民は、立身出世の術として息子達への教育を彼らに依頼し、多額の謝礼金を払った。

プラトンの対話編にも、そうした賢人（ソフィスト）が数多く登場する。通常上層市民は彼らを丁重にもてなし、その演説に有り難く耳を傾ける。若者は自分達もこのようになりたいと憧れ、夢中でその話を丸ごと取り込み（当時はノートに筆記するなどということはなく、すべて頭の中の記憶にしっかりと留めようとするのである）、それを真似して繰り返し暗誦し、仲間に聞かせたりしながら、賢人の考え方や話し方（聴衆の説得のさせ方）等々をものにしていくのであった。

しかしながらそうした中で若きソクラテスは、数々の賢人を相手に疑義を呈したり、反問をぶつけたり……と本来ならあり得ないことを始めた人物であった。すなわち、当時はそもそも身分の下の者が上の者と〝対話をする〟ということなどまだほとんどあり得ない時代であり、通常は賢人の教えをそのまま受け入れる、真似しつつ学んでいくのが一般的な在り方だったのである。

現在では「ソクラテスの対話」、「プラトンの対話編」、などとごく普通に言われて、対話をする、討論するのがあたりまえの社会だったかのように捉えられがちであるが、当時としてはそもそも対話ということ自体が異色のことだったのである。そうした時代性から考えても、ソクラテスは通常では考えられない強烈な個性を持っていたようにも見える。

例えばプラトン『パルメニデス』に記されているように、エレアの大政治家パルメニデスとゼノンがアテネに招聘された折も、彼らの話にどんどん疑問を差し挟んでいくという態度に出る。こんな態度を取って、パルメニデス先生やゼノン先生が怒りだしはしないかと、周囲の人々は気が気ではなく見守っている、……通常ならば拍手喝采で歓迎されるはずの大物が、ソクラテスに突っかかられて相当に気を悪くして、耐えがたいほどに自尊心を傷つけられる、……そんな場面がソクラテスの対話には幾度も出てくるのである。それではソクラテスとは一体どのような人物だったのか。なぜこの時代にこのような人物が生み出されたのだろうか。

（3）ソクラテスの生涯

ソクラテス自身は上層市民ではなく、ゼウギタイという階級に属する市民の出身であったと推定されている。アリストテレス『アテネ人の国制』にも述べられているように、古代においては所有する財産によって厳格な身分の違いがあった。一口に「市民」とはいっても、それは大きく次の四階級に分けられる。

第一、及び第二階級は実質的に貴族階級が占めた。第一階級は、五百メディムノス級と呼ばれ（メディムノスは穀物の単位を意味する）、広い所有地を有し、そこから相当の穀物が収穫される富裕な貴族階級である。国の中枢の役職、すなわち実質的な政治権力を握るアルコンや将軍職、そして財務官などには第一階級の者が就任するのが慣わしであった。第二階級(ヒッペイス)は、文字通りには騎士階級を意味し、これも第一階級に次いで相当な資産家でなければなれなかった。ゼウギタイはそれらに次ぐ第三階級であり、政治の場では下級役人の職に限定された(例えばこの階級に属する役職の一つコラクレタイは、下級財務官であり、また祭礼等の折に犠牲獣の肉を集めて公共食事の用意をする仕事などを受け持った)。しかしポリス全体として見ればソクラテスの属するゼウギタイは中流階級であり、それなりの資産を有する。自前で高額な武器を買いそろえ、重装歩兵部隊として戦うのもゼウギタイの役割となっていた。

さらに最下層の第四階級は、かろうじて民会と法廷には出られるものの、何らの役職にも就けなかったとアリストテレスは記している。

そしてこれら四階級の下にも、大勢の貧民や奴隷、在留外人などが存在した。政治の場に参加できるいわゆる〝市民〟なる人は、ポリスの住民のごく一部であり、さらに実質的に政治を動かす権力を握れる者は、その中でもごく限られた大貴族である。

先述したように、ソクラテスの時代はペルシャ戦争後、アテネが最盛期を迎えてから徐々に衰退していく時代である。若い頃(二十代頃)のソクラテスは、ペルシャから難を逃れてギリシャ本土にやってきた知識人に教えを受けたと言われる。パルメニデスらがアテネにやってきたのもこの頃である。身分の違いこそあれ、ソクラテスは貴族の子弟に交じって、賢人に教えを受ける機会に恵まれていたのであり、資産家の出身であったことが推察できる。

その後、ソクラテスが三十代半ばを過ぎる頃には、アテネの支配に不満を持つスパルタを筆頭とする諸ポリスとの間で争いが始まった。ソクラテスも三十代後半から四十代前半には記録にあるだけでも三度の戦いに重装歩兵として従軍したことが知られる。ソクラテスはそれらの戦いで冷静に戦い、勇名を轟かせた。デリオンの戦いでは、落馬したクセノフォン（騎士階級出身の軍人）の命を助けたなどといった逸話もある。

ソクラテスはこうした出征を繰り返しながら、四十歳頃になると、アテネの街角で問答を始めるようになった。誰に対してかというと、主として有力貴族の子弟を相手にである。この中には、プラトンの一族（プラトンの兄や叔父など）も含まれる。そしてこの頃に、「ソクラテスより賢い者はいない」というデルフォイの神託が下ったということや、私は何も知らないことを知っているというソクラテスのいわゆる「無知の知」などを表明するようになったとも伝えられる。

ソクラテス後半生の頃のアテネは、スパルタとの戦いでの惨敗やシケリア遠征失敗などで、かなり衰退していた。そのような中で、ソクラテスは六十代になって初めて公職に就くことになり、政務審議会の執行委員に選ばれた。おそらくそれ以前は、ソクラテスは上流階級ではないこともあり、ほとんど政治に実質的に携わることなど不可能であったと考えられる。ただそうした役職に就けたのも、おそらくソクラテスの戦争での功績や、有力な上層市民との人脈などが影響しているのであろう。この役に就いたソクラテスは、アテネの将軍達の処遇を巡る議会（スパルタとの海戦で多くの犠牲者を出したことに関して、将軍達の責任を問い、裁判にかけるか否か）で、皆が将軍達を裁判にかけることを議決したのに対して、ソクラテスただ一人だけが、それは違法措置であるとして反対したという。他にも、独裁政権本部から、ある男を逮捕して死刑にするよう命じられた折に、ソクラテスはその命令には断固として従えないとして、命令を無視して帰宅してしまったという逸話も残っている。

これらの一連の行為は、事の是非はともかくとして、時の権力者の反感を買うような行動であったことは否めないであろう。そうして国の側から見ればソクラテスは、若者（それも将来のポリスを背負うことになる名門貴族の子弟）に、良からぬ考えを吹き込む者とみなされ、裁判にかけられて七十歳頃に死刑になったのである。

こうしたソクラテスの生涯を振り返ってみると、ソクラテスが賢人に激しく問答を投げかけていった背景には、戦争（敗戦）で疲弊しきった社会の中で、生活が苦しくなった市民（資産階級）の、上層市民（貴族）のやり方への何らかの不満、不信といったものが増大していたことが考えられる。上層市民（貴族）に言われるがままに従うのには耐えがたい何らかの感情が積み重なってきていたことが、上層市民の弁論に対して抗していく、疑問を呈していくような流れを生み出していったのである。それは単に上層部に徹底して反抗する・反乱するといった態度に留まるのではなく、（若い頃から上流階級の子弟と共にそれなりに教養を積んでいった）ソクラテスにおいては、上層市民の話の流れを追っていける、そしてその流れでいくと本当にそうなのか、と次第に上層市民の考えの中身を突いていけるようになってくるのである。

というのが表向きの理由として考えられようが、ここを認識論的に説くならば、大きく異なった歴史の流れを見てとれるようになるであろう。いずれ説きたいものである。

第三節　ソクラテスの対話の実態

(1) ソフィスト批判

若きソクラテスが有数の知識人に問答をふきかけて、相手を困らせる場面はプラトン対話編の中でいくつも出てくる。例えば、『プロタゴラス』においては、法廷弁論で名高い当代きってのソフィストであったプロタゴラスを相手に次のような対話がなされる。

まず、人間の徳というものには、知恵や節制、勇気、正しさ、敬虔などがあるが、これらは一つのものなのか、それとも徳の部分をなすものなのか……との問いがソクラテスからなされる。その後プロタゴラスからは、徳の部分をなすものだが、しかし勇気だけはかなり異なっている、と言われる。というのも、勇気の場合だけは、不正で、不敬虔、放埓で無知な人間でありながらも勇気だけはある人というのもいるからだ、とプロタゴラスは言う。この点に関してのソクラテスの質問である。

「（勇者は勇猛果敢な人だとあなたはおっしゃいましたが）勇者は何に対して立ち向かうのですか。それは臆病者が向かうものと同じですか。」

「違う」と彼は言った。

「では別のものに向かうのですね。」

「そうだ」と彼。

「臆病な人々は恐くないものへ向かい、勇敢な人々は恐ろしいものへ立ち向かうのですよね。」

「確かにソクラテス、人々はそう言っているね。」

「おっしゃる通りです」と僕は言った。「しかし私がお尋ねしているのは、そんなこと（他人がどう言っているか）ではなく、あなたご自身は、勇気ある人々が何に立ち向かうと言われるのか、ということなのです。」

……

「しかし何も恐くないようなものへなら、臆病者であろうが勇者であろうが、誰でも同じように向かっていきます。」

「しかしソクラテスよ、臆病者が向かうものと勇者が向かうものは、やはりまったく正反対なのだ。そもそも一方は進んで戦争に行こうとするが、他方は行きたがらないではないか。」

「一体その場合、戦争に行くということは、立派なことなのでしょうか、醜いことなのでしょうか。」

「立派なことだ」と彼は言った。

……

「それでは臆病な人達は、より立派で優れて快いものを、それと知りながらも、そういうものには向かっていかないのでしょうか。」

「それもやはり〔向かっていくと〕認めるなら、先に同意したことをぶち壊すことになるだろう。」

……

「結局、恐ろしいものと恐ろしくないものについての無知が、臆病さに他ならないのですね。」

彼はうなずいた。

「ところで勇気と臆病さとは反対のものですね。」

「そうだ。」

「さらに、恐ろしいものと恐ろしくないものについての知恵は、それについての無知と反対のものですね。」

ここでもなお彼はうなずいた。

「そして、それに関する無知は臆病さなのですね。」

今度はかなりしぶしぶ、彼はうなずいた。（Πάνυ μόγις ἐνταῦθα ἐπένευσεν.）

「すると、恐ろしいものと恐ろしくないものについての知恵こそが、勇気なのだということになりますね。」

今度はもはや彼はうなずこうともせず、押し黙ったままだった。（Οὐκέτι ἐνταῦθα οὔτ᾽ ἐπινεῦσαι ἠθέλησεν ἐσίγα τε.）

（*Protagoras*, 359C-360D）

このような対話編では、若いソクラテスが相手の矛盾点を突く場面が多く見られる（もっとも実際の対話では、ソクラテスの若い時代はまだここまでのレベルには遠かったであろうと推察されるのではあるが……）。すなわち、無知でありながら勇気ある人もいる、という意見を突き詰めていくと、勇気ある人というのは恐ろしいものと恐ろしくないものを知っている人であるわけだから、まったくの無知というわけではないことになる、と突いていくのである。

こうしたプロタゴラスなどの知識人にとっては、上層市民でもない一青年からこうした質問、反問を突きつけられることなど、おそらく生まれて初めてのことであり、相当の違和感あるショックを受けたに違いない。プロタゴラスをはじめとしたソフィストらは、まずこうしたソクラテスの〝質問をぶつける〟という態度そのものに驚き、これまで自信を持って抱いていた考え、像を撹乱されてしまうのである。そうしてソクラテスと言葉を交わすのも嫌になってくる。

しかしながらソクラテスの対話は、そのように相手を撹乱させるに留まらない。相手は、青年からそれも身分違いの貴族でもない青年から侮辱されて、そのまま答えないわけにもいかず、やがては、しぶしぶこれまでの考えと反対の立場に立って考えざるを得ないことにもなっていく。

（2）物事の共通性に着目できるようになる過程とは

ソクラテスの対話の中身についてもう少し見ていこう。以下も『プロタゴラス』の一節であるが、これは三十代半ばのソクラテスと、上流階級の一青年ヒポクラテスとの対話である。

「君は今、自分自身の魂を育ててもらおうと、君の言っている男、ソフィストに委ねようとしているということだ。では一体ソフィストとは何者なのか、君がもしそれを知っているなら驚きだね……」

「知っているつもりではありますが。」

「それなら言ってみなさい。君はソフィストというのは何だと思うかね。」

「私が思いますのは、ソフィストとはその名の通り、優れた知識がある人のことです。」

「それなら、画家でも大工でも言えることだ。彼らだって優れた知識を持っているだろう。しかしもし誰かが我々に、『画家は、何について優れた知識を持っているのか』と尋ねたら、我々はその人に対して、肖像画を描くことについてだと答えるだろうし、その他についても同じことだ。そこでもし誰かが、こう尋ねたとしよう。『ではソフィストとは何についての優れた知識を持っているのですか』と。我々はその人に対して何と答えればよいか。ソフィストは何をすることを知っているのだろうか。」

「我々はこう答えればよいのではないですか、ソクラテス。ソフィストとは、人を弁舌巧みにさせる知識を持っている者である、と。」

「おそらくそれでもいいだろうが、しかし十分な答とは言えないだろう。というのは、その答だと我々にはさらなる問いが出されるからだ。ソフィストが人を弁舌巧みにさせるというのは、何について巧みに話せるようにするということなのか、と。例えば竪琴弾きなら、まさにその自分がしていること、つまり竪琴の弾き方について人をうまく話せるようにさせるはずだ。そうだろう？」

「はい。」

「よろしい。ではソフィストとは、何について人を弁舌巧みにさせるのだろうか。」

「それはもう、人に知識を授けるまさにそのことについてでしょう。」

「そうだろうね。ではそれは一体何なのだろうか。ソフィストが自分でも知識を持ち、弟子にも知識を授けるのは何についてなのだろうか。」

「まったくもって、これ以上は何もお答えできません」と彼は言った。（Μὰ Δί᾽, ἔφη, οὐκέτι ἔχω σοι λέγειν.）

……

「そもそもソフィストとは、ヒポクラテス、魂を養うものを〔売り物として〕卸売したり、小売したりするような者ではなかろうか。私にはどうもそのような者に見えるのだが。」

「魂を養うものとは何ですか、ソクラテス。」

「おそらく諸々の学識だよ。それで君も仲間だから言っておくが、丁度体をつくる食糧を商う卸売商人や小売商人と同じように、ソフィストからその売り物を勧められて、騙されることのないようにしなければならない。というのは、彼ら食糧の商人も、自分達が持ってくる商品について、そのどれが体に良いのか悪いのかを、おそらく自分でも知らないのに、売る時には何もかも勧めてくるし、彼らから買う方の人達もそれが分かっていない。体育家や医者といった人達でない限りはね。

それと同じように、いろいろの学識を国から国へと持ち歩いて売り物にしながら、その時々の求めに応じて小売する人々もまた、彼らが売るものすべてを勧めるけれども、しかし中にはおそらく君、自分が売ろうとするものについて、そのどれが魂に有益なのか、害なのかを知りもしないような連中がいるかもしれない。そして彼らから買う方の人達もやはり同じだ。まあ、魂を扱う医者のような人でもない限りはね。」

(*Protagoras*, 312C-313E)

このような対話の流れを見ていくと、ソフィストとは何者かという問いに対して、優れた知識がある人だとの答がまず出される。しかしそれに対して、優れた知識を持っているというのであれば、何もソフィストでなくとも、例えば画家でも大工でも同じことが言えるだろう、と反論がなされる。なぜなら、画家であれば肖像画の描き方について、大工ならば建物の建て方について、よく知っているだろうから。だからソフィストが優れた知識を持っているというのなら、何についての優れた知識なのか、との反問がなされる。するとその後は、人を巧みに話せるようにする知識を持っている、との答が出されるが、それも先と同様のことで、それならソフィストでなくとも、竪琴弾きなど、他にもいるではないかという反論がなされ、一体、何について弁舌巧みにさせることができるのだ、との反問がなされていく。

すなわち、ソフィストとは優れた知識を持っている人だとか、人を弁舌巧みにさせる人だ、などと言うことはできても、それはソフィスト以外の職業の人であっても、それぞれの仕事においては言えることなのだから、先の答は、他の人とは一線を画する〝賢人〟として尊敬される所以《ユエン》の、ソフィストとは何かの答になっていない、そういう対話である。

後世から見れば、先の答はあまりにも一般的すぎていて、ソフィストとしての特殊性を押さえられていないということであるが、しかし一般性と特殊性との区別といったことは、まだソクラテス自身にも明確には分かっていない。

その後は、一時相手が答に詰まってしまう。ここで、答に詰まってしまうというのは、ソクラテスに対して答えたつもりなのに、答になっていない、それがなぜなのか分からず、ソクラテスから問われたことについての像を描きようがない、それで当惑してしまうということである。

そうするとプラトンはソクラテスをして、ソフィストというのは、食糧を売る商人のように、魂の食糧となるものを売る商人なのではなかろうか、と語らしめる。体をつくる食べ物を売る商人とのアナロジーで、魂を創る食べ物を売る商人がソフィストなのだろうとして、商人としての同じような点を話し始めるのである。すなわち、ソフィストも商人も、同じように、売り物の中身の良し悪しはともかくとして、これはすごくいいものだと宣伝して売ろうとする、そういう人達なのだと、内心では相当にソフィストを皮肉って言っているのである。

ソクラテスは、当時の賢人について、世人が思っているように、本当に優れた知識を教えられるのか、いや教えられるものか、本当はまともに人を導けるものなど持っていないのだという感情が心の中にあり、それを相手に対して反問の形で投げかけているのである。

そして、本当は彼らソフィストは、まともに人を導けるものなど持っていないのだということを、そのまま直接言おうとしても相手には決して納得させられないがために、ここでは相手にも分かるような、相手にも像が描けるような〝商人〟を持ち出してきて、これとこういう点が同じだろう……と説明していく。

プラトン対話編を読んでいくと、このように何かあるものを説く時に、相手にも分かるものを持ち出して、それとの対比で説明していく流れが多く見られる。そしてこの説明していく流れ、またその話を聞いていく流れで、そのものとあのものとの同じところ(共通性)に次第に着目して考えていくようになる。ただ、このものとあのものとでの違う点も当然にあるわけだから、相手もそうそう容易に飲み込めるわけではない。そこで疑問、反問が出てきて、それに対してまたまた説明を要されることになり……と続いていくのである。ここも詳しくはいずれ！　である。

現代の読者から見れば、これはともすると何気ない会話に見えるかもしれないが（実のところ、本当のソクラテスは上層部のやり方を何とか叩きたい、という思いで、いわば喧嘩ごしの議論ならぬ幼い口喧嘩のようなものから始まっていったのだが）、その過程の中で（ソクラテス自身の当初の目的意識としてはまったくなかったことではあるが）、対象の中に次第に共通性を見てとれるようになっていく、さらにやがては一般性として把握できる頭脳になっていく、その始まり、かすかな萌芽形態と言ってもよいものが出てくることになったのである。

（3）論理もどき（?）像形成への過程

ここでもう一つ別の対話を、少し長くなるが紹介しよう。これもプラトン対話編の一つで、ソクラテスと若者メノンとの対話である。

「メノンよ、神々に誓って、君は徳とは何であると主張するかね？　どうか出し惜しみせずに答えてくれたまえ。これまで誰一人として私はそれを知っている人に出会ったことがないと言ったけれども、君とゴルギアスが知っていると分かれば、私はまったくうまい嘘をついたことになるというものだ。」

「ソクラテス、お答えするのは別に難しくありません。まず男の徳は何かとお尋ねなら、それを言うのは簡単です。つまり男の徳というのは、国をよく治め、その際には味方を利して敵を害すること、しかも自分は何一つそういう目にあわぬよう気をつけるだけの能力を持つことです。さらに女の徳はと言われるなら、これも難なくご説明できます。つまり女は所帯をよく保ち、夫に服従して家そのものをしっかり管理するべきだということです。

そしてこれとは別に、子供の徳というものが男の子にも女の子にもありますし、年配の者には別にまた年配の者の徳があって、さらにお望みなら、自由人の徳、奴隷の徳もあります。

こうして挙げていけば、他にもまだたくさんの徳がありますから、したがって徳が何であるかを言うのに困ることはありません。というのも、それぞれの働きと年齢に応じて、各々の仕事のために、我々一人一人にはそれぞれに相応した徳があるわけですから。……」

「ずいぶん私も運がいいようだ、メノン。何とかして徳は一つだというつもりで探していたのに、徳がまるでミツバチの群れのように君のところにあるのを見つけたのだから。しかしメノン、このミツバチの喩えでいうと、仮にもし私がミツバチというものについて、それは一体何であるかを尋ね、それに対して君が、ミツバチにはいろいろとたくさんの種類のものがあると答えたとしよう。その場合、私がもし次のように尋ねたとしたら、君は何と答えるかね。

ミツバチにはいろいろとたくさんの種類があって、それらは互いに異なっているというのは、それらがミツバチであるという点でそうなのだと、君は言うのかね。それともその点では、それらは互いに何ら異なっておらず、何か他の点、例えば良さとか大きさとか、その他そういった何らかの点で異なっているのかね？」……

「私が君に言ってほしいのは、そのことなのだ、メノン。つまりそれらのミツバチがその点ではまったく異ならずに、全部同じであるようなもの、それを君は何であると言うのかね？」……

「君が挙げたいろいろの徳についても同じことが言える。たとえその数が多く、たくさんの種類があるとしても、それらはすべてある一つの同じ形を持っているはずであって、それだからこそいずれも徳であるということになるのだ（ἕν γέ τι εἶδος ταὐτὸν ἅπασαι ἔχουσιν δι' ὃ εἰσὶν ἀρεταί）。この形に注目することによって、〝まさに徳であるところのもの〟を質問した人に対してはっきりさせるのが答え手としての良いやり方だ。それとも僕の言わんとすることが分からないかね？」

「分かるような気はします。それでもまだ、問われていることが、思うようには摑めません。（Δοκῶ γέ μοι μανθάνειν· οὐ μέντοι ὡς βούλομαί γέ πω κατέχω τὸ ἐρωτώμενον.）」

「君は徳の場合だけそう考えるのかね、メノン。つまり男には男の徳、女には女の徳があり、その他の者にはまた別の徳があるというように。それとも健康とか、（体の）大きさとか、強さといったものについても同じなのだろうか？　君には、男には男の健康があり、女にはまた別に女の健康があると思うかね？　それとも、男でもその他誰でも、いやしくも健康である限りは、いずれの場合にもそこには同じ形があるのだろうか？」

「健康なら、男の健康も女の健康も同じだと思います。」……

「そして徳は子供であっても老人でも、女でも男でも、徳であるという点で、何か少しでも違うのだろうか？」

「ソクラテス、どうも私には、何だかこの場合はもう、他のものと同じようにはいかないように思えるのですが。（Ἔμοιγέ πως δοκεῖ, ὦ Σώκρατες, τοῦτο οὐκέτι ὅμοιον εἶναι τοῖς ἄλλοις τούτοις.)」

「どうして？　君は、男の徳は国を、女の徳は家をよく治めることにあると言っていたのではなかったかね？」

「確かにそう言いました。」

「では国にせよ家にせよ、その他何にせよ、節度を持って正しく治めないとしたら、良く治めることなどできようか？」

「もちろんできません。」

……

「そうすると、女も男も、いやしくも優れた人間であろうとするならば、どちらも同じものを必要とするわけだ。すなわち正しさと節制とを。」

「そうですね。」

「では子供や老人はどうだろう。まさか放埓で不正でありながら、良い人間になどなれまい。」

「決してなれません。」

「節度を保ち、正しくなければならないのだね。」

「はい。」

……

「それでは徳というものは、すべての人にとって同じであるということになったのだから、……その徳とは何であると主張するのか……。」

「人々を支配できること、と言うより他にないでしょう。もしあなたがあらゆる場合について言えるような何か一つのものを求めているのでしたら。」

「いかにも私の求めているのはそうだ。しかも果たしてメノン、君の言った同じそのことは、子供の徳でもあり奴隷の徳でもあるだろうか。主人を支配し得るということが。君は人を支配する者が、奴隷であり得ると思うかね?」

「いいえ、決してそうは思いません、ソクラテス。」

「確かにあり得ないことだね、良き友よ。というのはもう一つ次のことも考えてくれたまえ。支配できることと君は言うけれども、我々はそこに、正しくとか不正にではなく、と付け加えるべきではないかね。」

「確かにそう思います。正しさは徳なのですから、ソクラテス。」

「徳だろうか？　メノン、それとも徳の一種だろうか？」

「それはどういうことですか？」

「他の何についても言えるようなことだ。例えば丸いものについて考えてみてもよいが、私ならそれをある形であると言って、ただ単に形であるとは言わないだろう。なぜそういうふうに言うかというと、他にもいろいろの形があるからだ。」

「確かにおっしゃる通りです。私にしても、ただ正しさだけではなく、他にもいろいろの徳があると言いますからね。」

「それは何なのだろうか。答えてくれたまえ。……」

「私には勇気が徳であると思われますし、それから節制、知恵、度量の大きさなど、他にも何種類もあると思います。」

「メノンよ、我々はまた同じ目にあってしまったね。一つの徳を求めながら、またしても我々はたくさんの徳を見つけ出してしまった。今のやり方はさっきとは違うけれども。それらすべてを貫くただ一つの徳を、どうしても我々は見つけ出すことができないのだ。（τὴν δὲ μίαν, ἣ διὰ πάντων τούτων ἐστίν, οὐ δυνάμεθα ἀνευρεῖν.）」

（*Meno*, 71D-74A）

以上の対話では、徳とは何かということが問題にされている。メノンは、男の徳はこういうもの、女の徳はこういうもの、……という像が彼なりに頭の中にあり、それを言語表現していくのだが、それに対してソクラテスは、男も女も、年配者も子供も、自由人も奴隷も、それらのすべてに貫かれる徳とは何だろうか？　と問うてメノンを導こうとしている。つまり目的意識的に、いわば徳一般を導きだそうと努力していくのがこの対話編の中のソクラテスである。

前章で紹介したクセノフォンの語らせたソクラテスから比べると、このプラトンの描くソクラテスは認識のレベルがやや発展しているのが見てとれる。ここはソクラテスが次第に〝プラトン的ソクラテス〟へとなっていく過程である（つまり、プラトン対話編の中でも、そこに描かれるソクラテスは決して往時のソクラテスそのままの描写ではなく、次第にその対話を記していくプラトンの認識の発展に伴って発展していくということである）。

メノンは、男の徳、女の徳、それぞれこういうものという像が描けるが、それらに同じくあてはまる徳は？　と問われても、そういうものなどあるのだろうか？　と思えてしまう。男は男、女は女でやはり違うのだから、それらに同じく言えるような徳と言われても、そういう像は描けない。しかしながら、プラトンの語らせるソクラテスは、男の徳、女の徳から共通する性質、すなわち節制を持って正しく治めるという点を引き出せている。ここから先、さらに子供にも老人にも共通する性質を考えていこうとして（なかなかできないのだが）、この引用箇所の後にも延々と対話が続いていくことになる。

ここで注目すべきは、男とか女といった個別のものから、それらに共通する性質を導きだそうとする流れがこの対話の中にあり、相手の分からない点、疑問、反問に対して、さらに相手に分かるもの（この場合は、ミツバチの例とか、健康の例など）を探してそれと対比させて何とか答えようとする流れの中で、あるものと別のあるものとの間にある共通なものを像として描けるようになっていくプロセスが、かすかに芽生えてきているということである。

もちろん一気にそうした論理的な像が描けるのは不可能であり、事実レベルの像から論理レベルの像が描けるようになるには、相手に導かれてもなかなか描けるようで描けない、描けないようで何となく描けなくもない……といった長い長い対話の積み重ねの歴史的過程が必要であった。

そしてこうした対話のプロセスは、まさに現代の我々が論理能力を身につけていく上でも必須の学びなのである。プラトン対話編においては、対話者の間で、どういう対話を通して互いの認識（像）がどのように変化していくのか、（あるいはいかないのか）を読みとることが重要である。

ソクラテスの時代背景、社会状況をふまえながら、ソクラテスの対話の持つ意味について説いてきた。ソクラテスの発する反問によって、相手の像はやがて揺るがされるようになっていく（？）。そうして何とか答えつつも、さらにソクラテスから反問され……ということを繰り返すうちに、自分の考えと反対の立場に立って考えることを、次第に否応なしに余儀なくされてくる。

この中で、ソクラテスは相手に自分の考え（つまり相手が抱いてもいない考え）を何とかして納得させたいが、しかしそれをそのまま言い張るだけでは相手はなかなか納得しない。相手は感情的に分かりたくもないしまた分かりようもないので、何とかしてそこを分からせるために、ソクラテスは相手が像を描けそうなものを考え出しながら、説明していかなければならない。

この過程で、当初は漠然と「これとあれとは似ているかもしれない……」といった程度の認識だったものが、相手からそれでも「分からない」とか「そうは思えない……」などと返されたりする中で、そこを何とか分からせようとしていくうちに、次第にあれとこれとの共通性に着目し始める認識が創出されるようになってくるのである。

まだソクラテスには事実とは異なるレベルの「論理」ということが分かっていないものの、この対話は、人類の認識において論理的な像を形成させていくためには必然性を持つものであった。我々がソクラテスの対話を読む場合には、当初からソクラテスが普遍的な概念を求めて相手を論駁できる対話力を有していた、などと決して誤解してはならないのであり、対話を始めていくことで、そして対話を続けていく中で、認識がどう創られていったのか、その過程性を読みとることこそが重要である。そしてまたこのソクラテスの対話は、やがてプラトンからアリストテレスへと進む中で、学問的な認識を創っていくことに繋がっていく。

ソクラテスの後のプラトンへの認識の発展過程については〔後編〕で説いていく。

著者

悠《ゆう》季《き》 真理《まこと》

大学入学と同時に「学の巨塔」到達を志とし、学一般の基礎たる弁証法をまず学び、そこから認識論へと進み、現在は論理学修得へ向けて歳月を重ねている。その過程で自然科学を修め、そこから精神科学へと歩を進め、現在は社会科学、特に国家学を修学中である。
日本弁証法論理学研究会 代表幹事。
学術誌『学城』の編集子。

現代社白鳳選書 107
哲学・論理学研究 第一巻
——学的論文確立の過程的構造——

2015年8月2日 第1版第1刷発行©

著 者 悠 季 真 理
発行者 小 南 吉 彦

印 刷 壮光舎印刷株式会社
製 本 誠製本株式会社

発行所 東京都新宿区早稲田鶴巻町514番地（〒162-0041） 株式会社 現 代 社

電話：03-3203-5061 振替：00150-3-68248

ISBN 978-4-87474-169-6 C 3210

現代社の認識論・弁証法関連図書

改訂版・育児の生理学　瀬江千史著

医学の復権　瀬江千史著

看護学と医学(上)(下)　瀬江千史著

育児の認識学　海保静子著

統計学という名の魔法の杖
本田克也・浅野昌充・神庭純子著

看護のための「いのちの歴史」の物語
本田克也・加藤幸信・浅野昌充・神庭純子著

南郷継正 武道哲学 著作・講義全集(1)(2)(4)～(12)
南郷継正著

なんごうつぐまさが説く看護学科・心理学科学生への
“夢”講義(1)～(5)　南郷継正著

武道哲学講義(1)(2)　南郷継正著

医学教育概論(1)～(5)
瀬江千史・本田克也・小田康友・菅野幸子著

医学教育概論の実践　北條亮著

看護の生理学(1)～(3)　薄井坦子・瀬江千史著

初学者のための『看護覚え書』(1)～(4)　神庭純子著

新・頭脳の科学(上)(下)　瀬江千史・菅野幸子著

増補版 武道居合學〔綱要〕　飛龍　田熊叢雪著

護身武道空手概論　朝霧華刃・神橘美伽著

障害児教育の方法論を問う(1)　志垣司・北嶋淳著